广东省农村公路养护
预算编制办法

Budgeting methods for Maintenance of Rural Highway in Guangdong Province

主编单位: 广东省交通运输工程造价事务中心

人民交通出版社股份有限公司

北 京

图书在版编目(CIP)数据

广东省农村公路养护预算编制办法 / 广东省交通运输工程造价事务中心主编. — 北京：人民交通出版社股份有限公司,2022.3
ISBN 978-7-114-17825-2

Ⅰ.①广… Ⅱ.①广… Ⅲ.①农村道路—公路养护—预算编制—广东 Ⅳ.①U412.36

中国版本图书馆 CIP 数据核字(2021)第 279735 号

书　　　名：	广东省农村公路养护预算编制办法
著　作　者：	广东省交通运输工程造价事务中心
责任编辑：	王海南
责任校对：	刘　芹
责任印制：	刘高彤
出版发行：	人民交通出版社股份有限公司
地　　　址：	(100011)北京市朝阳区安定门外外馆斜街 3 号
网　　　址：	http://www.ccpcl.com.cn
销售电话：	(010)59757973
总 经 销：	人民交通出版社股份有限公司发行部
经　　销：	各地新华书店
印　　刷：	北京市密东印刷有限公司
开　　本：	880×1230　1/16
印　　张：	9
字　　数：	210 千
版　　次：	2022 年 3 月　第 1 版
印　　次：	2022 年 3 月　第 1 次印刷
书　　号：	ISBN 978-7-114-17825-2
定　　价：	80.00 元

(有印刷、装订质量问题的图书由本公司负责调换)

广东省交通运输厅文件

粤交基建字〔2022〕1号

广东省交通运输厅关于印发《广东省农村公路养护预算编制办法》的通知

各地级以上市交通运输局、公路事务中心，省公路事务中心：

为构建我省农村公路管理养护组织保障、资金保障、技术保障和考核保障四个体系，更加科学合理安排养护资金投入，进一步管好、护好农村公路，根据交通运输部《农村公路养护预算编制办法》（JTG/T 5640—2020）（以下简称《办法》）的规定，结合我省实际情况，厅组织广东省交通运输工程造价事务中心对《办法》进行了细化和完善，编制了《广东省农村公路养护预算编制办法》。现印发给你们，自发布之日起施行。

附件：《广东省农村公路养护预算编制办法》

广东省交通运输厅
2022年1月3日

前　言

交通运输部于 2020 年 1 月 7 日发布《农村公路养护预算编制办法》(JTG/T 5640—2020),自 2020 年 3 月 1 日起施行。广东省交通运输厅组织广东省交通运输工程造价事务中心编制了《广东省农村公路养护预算编制办法》(以下简称"本办法")。

为深入贯彻落实《国务院办公厅关于深化农村公路管理养护体制改革的意见》(国办发〔2019〕45 号)的有关精神与要求,推进实施《广东省人民政府办公厅关于印发广东省深化农村公路管理养护体制改革实施方案的通知》(粤府办〔2021〕1 号),进一步管好、护好农村公路,着力构建我省农村公路管理养护的组织保障、资金保障、技术保障、考核保障四个体系,更加科学合理安排养护资金投入,有效保障农村公路实现"有路必养""养必到位",迫切需要结合我省的实际情况,对《农村公路养护预算编制办法》(JTG/T 5640—2020)进行补充和细化,从而更加有效地指导和加强我省农村公路养护费用管理,提高农村公路养护资金使用效益。为此,编写组对我省农村公路养护管理情况开展了大量调研,收集了各市、县(市、区)农村公路养护费用数据,吸收了省、市、县(市、区)农村公路养护管理好的经验,广泛征求了行业意见,经专家论证和实例测算后,编制完成本办法。

本办法包括 3 章和 3 个附录,分别是:1 总则,2 术语,3 养护预算费用,附录 A 农村公路养护预算文件编制格式,附录 B 广东省农村公路养护工程量清单计价规则及综合单价,附录 C 广东省农村公路养护预算编制示例。

请各有关单位在使用过程中注意总结经验,将发现的问题和意见及时函告本办法主编单位广东省交通运输工程造价事务中心(地址:广州市白云路 27 号广东交通大厦 5 楼;邮政编码:510199;传真:020-83731491;电子邮箱:zjzx@gd.gov.cn),以便修订时参考。

主 编 单 位: 广东省交通运输工程造价事务中心
参 编 单 位: 中量工程咨询有限公司
　　　　　　　广东省公路事务中心
　　　　　　　韶关市交通运输局
　　　　　　　梅州市交通运输局
　　　　　　　江门市交通运输局
　　　　　　　湛江市交通运输局
　　　　　　　清远市交通运输局
　　　　　　　云浮市交通运输局
　　　　　　　云浮市新兴县交通运输局
　　　　　　　清远市交通运输服务中心

云浮市交通运输事务服务中心
清远市清新区地方公路站
新兴县地方公路管理站

主　　　编：樊宏亮　陈成保
主要参编人员：郑宇春　吴　攸　邢德兆　刘华兴　李伟业　马少华
　　　　　　　　戴建标　张建平　涂振宇　杨艳梅　关明伟　彭家锋
　　　　　　　　张美云　叶坤铃　李汝霞　张学龙　罗勇勇　邓天树
　　　　　　　　邝庆元　李　欣　麦　有　陈忆鹏　罗锦昌　陈通平
　　　　　　　　陈海明　李常安　江家俊

主　　　审：贾绍明　易万中
参与审查人员：王　璜　管　培　王燕平　刘名刚　伍　文　李卫国
　　　　　　　　陈光林　张睿麟　杨　怿

目　次

1 总则 ………………………………………………………………………………………… 1
2 术语 ………………………………………………………………………………………… 3
3 养护预算费用 ……………………………………………………………………………… 5
　3.1 费用组成 ……………………………………………………………………………… 5
　3.2 日常养护费 …………………………………………………………………………… 6
　3.3 检测评定及信息化维护费 …………………………………………………………… 11
　3.4 养护机械设备购置费 ………………………………………………………………… 12
　3.5 养护工程费 …………………………………………………………………………… 12
　3.6 农村公路养护预算费用计算程序及计算方式 ……………………………………… 14
附录 A 农村公路养护预算文件编制格式 …………………………………………………… 16
附录 B 广东省农村公路养护工程量清单计价规则及综合单价 …………………………… 23
附录 C 广东省农村公路养护预算编制示例 ………………………………………………… 95

1 总则

1.0.1 为科学合理地编制我省农村公路养护资金预算,提升养护预算编制和管理水平,保障养护资金投入,提高资金使用效益,引导养护管理高质量发展,加快完善农村公路养护管理体制和长效机制,根据《农村公路养护预算编制办法》(JTG/T 5640—2020),结合我省农村公路养护管理的实际情况,制定本办法。

1.0.2 本办法适用于广东省农村公路养护预算的编制与管理。

1.0.3 农村公路养护预算是合理确定农村公路养护资金需求、编制农村公路养护资金计划的依据,也是编报农村公路养护年度预算的依据。

1.0.4 编制农村公路养护预算时,日常巡查费、日常保养费、小修费、检测评定及信息化维护费、养护工程费和竣(交)工验收试验检测费应优先采用本地区历史价格;当采用历史价格计算的各项费用低于省、市、县(市、区)规定的最低标准时,应采用省、市、县(市、区)规定的最低标准值。无历史价格的,应采用本办法的费用指标或工程量清单项目综合单价。本办法中缺项的工程量清单项目综合单价,可结合市场价格自行补充。

条文说明

历史价格是交通运输、财政等部门已认可的事实性的费用指标或综合单价,更符合各地农村公路养护管理的实际情况,应予优先采用。确无历史价格采用时,应按本办法的费用指标或综合单价计算相应费用,以引导地方规范地编制养护预算。但因新技术可能不断出现等因素,本办法不可能列出所有的工程量清单项目单价,需要各市、县(市、区)结合本地市场价格补充,形成新的历史价格,从而构建良性循环的养护预算编制机制。

本办法编制时,《广东省人民政府办公厅关于印发广东省深化农村公路管理养护体制改革实施方案的通知》(粤府办〔2021〕1号)、《关于加快推进"四好农村路"建设的实施意见》(粤办发〔2018〕36号)对我省农村公路的日常养护费、养护工程费等费用已有最低标准值的规定,今后我省还可能出台更高的标准,各市、县(市、区)也可能出台适用于本行政区域的高于省级规定的最低标准,均应遵照执行。

1.0.5 编制农村公路养护预算时,应考虑实施期的预算价格相对于基期历史价格或本办法的费用指标、综合单价的涨跌影响。

条文说明

受人工、材料、机械设备等价格要素的宏观调控、市场供求等多因素影响,实施期的预算价格水平相对于基期的历史价格,以及本办法的费用指标、综合单价均可能有所涨跌(如2020年度的历史价格或者本办法的费用指标、综合单价等价格均是固定值,但2022年及今后年度的价格相对这些价格是变化的)。为动态合理地反映实施期的预算价格相对于基期历史价格或者相对于本办法的费用指标、综合单价的变化,编制预算时,应充分结合实施期相对于基期的时间长短,考虑这种价格水平的变化。

1.0.6 农村公路养护预算应采用统一的表格编制,表格样式应符合本办法的规定。鼓励采用信息化手段编制和管理农村公路养护预算。

1.0.7 农村公路养护预算的编制除应符合本办法和《农村公路养护预算编制办法》(JTG/T 5640—2020)的规定外,尚应符合国家、行业和广东省现行有关标准的规定。

2 术语

2.0.1 费用指标 expense index
完成某项日常养护工作或检测评定及信息化维护工作、竣(交)工验收试验检测工作的综合平均费用标准,费用组成包括人工费、材料费、机械使用费、小型机具费、措施费、企业管理费、安全生产费、规费、利润、税金等。

2.0.2 综合单价 comprehensive unit price
完成某项农村公路养护工程所需的单位费用,包括人工费、材料费、机械使用费、措施费、企业管理费、安全生产费、规费、利润和税金等。

2.0.3 工程量清单 bill of quantities
按一定规则和类别划分公路养护工作的组成和内容,对完成公路养护活动所产生的实物工程、措施项目、规费及税金等项目,按照项目名称、计量单位、工程量、单价、合价形式组合而成的明细清单。

2.0.4 计价规则 rule of valuation
基于一定规则,针对工程量清单的子目编号、子目名称、计量单位、计价工程内容等具体内容,以及表现形式所作的规定。

2.0.5 基期 base period
采用的历史价格所对应的年份,或采用本办法的费用指标、综合单价所对应的2021年。

2.0.6 编制期 preparation period
编制养护预算时所对应的年份。

2.0.7 实施期 implementation period
养护作业实施的年份。

2.0.8 历史价格 historical price
实施期的前第一年(或前第二年、前第三年)的同一公路或同类公路实际合同(或结算)的费用指标或综合单价。

条文说明

引入历史价格的概念,引导使用者优先采用同一公路或同类公路已实施的合同(或结算)价格,以提高编制效率。本办法给出历史价格的范围为前三年但也仅限于前三年,且将前第一年置于优先位置,括号中的前第二年、前第三年依次排序。工程量清单项目在3年的范围内可以互补有无。

2.0.9　地区类别　district type

根据我省各地区经济社会发展不平衡的实际情况,将我省各市按区域归类划分为四类地区。

2.0.10　车道差异调整系数　lane difference adjustment coefficient

因不同车道数的农村公路对应不同的养护工作量、不同的养护预算费用而设置的费用调整系数。

条文说明

由于车道数增加引起路面面积较大幅度的增加,路面养护在农村公路养护中权重较大,同时结合路基、绿化、沿线设施等养护工作量与车道数的相关关系,设置车道差异调整系数,以简便体现不同车道数养护费用的合理差异性。

2.0.11　年价格增长率　annual price growth rate

实施期的费用指标、综合单价,相对于基期的历史价格或者相对于本办法的费用指标、综合单价的每年增长比率(i_n),其中 $n=1,2,3……$。

2.0.12　价格综合增长率　comprehensive growth rate of price

实施期的费用指标、综合单价,相对于基期的历史价格或本办法费用指标、综合单价的综合增长比率(i)。

条文说明

价格综合增长率与年价格增长率结合起来理解和把握,如采用基期2021年的历史价格,编制期为2023年,编制实施期为2024年的养护预算,则 $i=(1+i_1)\times(1+i_2)\times(1+i_3)-1$,其中 i_1、i_2、i_3 分别为2022年相对2021年、2023年相对2022年、2024年相对2023年的每年的价格增长率,i 为各年累计的综合增长率。

3 养护预算费用

3.1 费用组成

3.1.1 农村公路养护预算费用包括日常养护费、检测评定及信息化维护费、养护机械设备购置费和养护工程费,如图3.1.1所示。

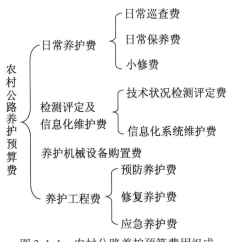

图 3.1.1 农村公路养护预算费用组成

3.1.2 我省农村公路养护预算编制的地区类别按表3.1.2取定,本办法一类地区的费用指标或综合单价仅适用于广州,深圳的费用指标或综合单价在广州的基础上均乘以系数1.02。

表 3.1.2 广东省各地区类别划分一览表

地 区 类 别	地 区 名 称
一类地区	深圳
	广州
二类地区	珠海、佛山、东莞、中山
三类地区	汕头、惠州、江门、肇庆、湛江
四类地区	韶关、河源、梅州、汕尾、阳江、茂名、清远、潮州、揭阳、云浮

条文说明

无历史价格而采用本办法的费用指标和工程量清单项目综合单价的标准计算时,考虑各市经济社会发展不均衡,按地区类别划分标准,更符合我省农村公路养护管理的实际情况。各县(市、区)根据所处地区对应的地区类别选取对应的指标。

3.1.3 根据农村公路车道数不同,考虑养护工作量的差异,设定车道差异调整系数,具体见表3.1.3。

表3.1.3 车道差异调整系数表

行政等级	调整系数			
	单车道	两车道	四车道	六车道及以上
县道	0.65	0.82	1.00	1.22
乡道	0.82	1.00	1.22	1.55
村道	1.00	1.22	1.55	2.00

条文说明

本办法的费用指标分别按县道双向四车道、乡道双向两车道、村道单车道进行编制,即县道双向四车道、乡道双向两车道、村道单车道的调整系数为1。计算日常养护费时,在本办法的日常巡查和日常保养费、小修费和技术状况检测评定费等费用指标的基础上,根据实际车道数按表3.1.3所列系数进行调整。

3.2 日常养护费

3.2.1 日常养护费用分为日常巡查费、日常保养费和小修费。

3.2.2 日常巡查的费用指标按照县道、乡道、村道分为三类。公路日常巡查包含路基、路面、涵洞、交通工程及沿线设施、绿化等;桥梁日常巡查包含桥梁基础、下部结构、上部结构和桥面系等;隧道日常巡查包含洞口、洞内路面及相关设施等。日常巡查作业内容详见表3.2.2。

表3.2.2 农村公路日常巡查作业内容

工程部位		作业内容
公路	路基	1. 查看路肩是否存在缺损,是否存在杂物,与路面衔接是否平顺; 2. 查看坡面是否存在冲刷,坡体是否出现松动、剥落、滑移和坍塌; 3. 查看排水设施是否通畅,是否存在破损; 4. 查看圬工是否存在局部破损,勾缝是否脱落,泄水孔是否淤塞,防护及支挡结构是否存在倾斜、滑移、下沉、变形,基础是否存在冲刷等
	路面	查看路面病害类型、严重程度及规模,路面是否存在有碍通行安全的障碍物,路缘石是否缺损、倾斜等

续表 3.2.2

工程部位		作业内容
公路	涵洞	查看圬工(砌体)有无开裂,洞内有无淤塞,进水口是否堵塞,翼墙是否完整,洞口铺砌有无冲刷、脱落
	交通工程及沿线设施	查看是否存在遮挡、污染、松动、损坏、缺失等
	绿化	查看植物生长情况,以及是否遮挡标志标牌等
桥梁		查看桥面是否破损,是否整洁,桥梁栏杆、人行道等设施是否完好,泄水孔是否通畅,伸缩缝是否完好,桥下过水是否通畅
隧道		查看洞内路面是否清洁,洞口砌体、圬工是否出现脱落、松动或破损,洞内标志是否清晰、完好,排水设施是否通畅,通风、照明和反光设施是否正常使用,灭火器是否缺失等

3.2.3 日常保养的费用指标按照县道、乡道、村道分为三类。公路日常保养包含路基、路面、涵洞、交通工程及沿线设施、绿化等;桥梁日常保养包含桥梁基础、下部结构、上部结构和桥面系等;隧道日常保养包含洞口、洞内路面及相关设施等。日常保养工作内容详见表3.2.3。

表 3.2.3 农村公路日常保养作业内容

工程部位		作业内容
公路	路基	1. 清理路肩杂物,修剪草皮和修整路肩; 2. 修整坡面植物,清理坡面杂物,清理坡脚及碎落台的堆积杂物; 3. 清理疏通边沟、排水沟、截水沟、急流槽、拦水带、跌水井等,清除排水设施内的杂草、垃圾、淤泥; 4. 清理沉降缝和伸缩缝内的杂物,疏通泄水孔,清理防护及支挡结构物顶部的杂物、碎石等
	路面	清理路面上的积土、积沙、泥污、积雪、积冰等
	涵洞	清洁涵洞洞口杂物,清除洞内的堆积物、淤积物、漂浮物
	交通工程及沿线设施	交通标志的清洁、紧固及遮挡物的清理,护栏、示警墩(桩)的清洁,减速设施的紧固,里程碑、百米桩、界碑等设施的清洁,防眩板的清洁、紧固,限高限宽设施的清洁等
	绿化	行道树的刷白和绿化植物的浇水、修剪、施肥和虫害防治等
桥梁		清洁桥面,疏通泄水孔,清理伸缩缝杂物,清理桥下堆积物及垃圾等
隧道		清理隧道洞口积雪(冰)、落石等,清理路面积水、杂物等,疏通洞内排水设施,清洁、扶正、紧固洞内反光设施(标志)等

3.2.4 日常巡查和日常保养的预算费用可单独计列,也可合并计列。本办法的日常巡查费和日常保养费用指标合并计列,如表3.2.4所示。日常巡查和日常保养的预算费用计算时,分有历史价格和无历史价格,分别计列或者合并计列,按以下方式计算。

1 有历史价格的,日常巡查和日常保养的预算费用可分别计列或者合并计列。

　　1) 日常巡查费、日常保养费分别计算时,按式(3.2.4-1)、式(3.2.4-2)计算:

$$日常巡查费 = 日常巡查数量 \times 历史价格 \times (1+i) \quad (3.2.4\text{-}1)$$

$$日常保养费 = 日常保养数量 \times 历史价格 \times (1+i) \quad (3.2.4\text{-}2)$$

式中:i——价格综合增长率(%)。

　　2) 日常巡查费和日常保养费合并计算时,按式(3.2.4-3)计算:

$$日常巡查和日常保养费 = 日常巡查和日常保养数量 \times 历史价格 \times (1+i) \quad (3.2.4\text{-}3)$$

2 无历史价格的,可采用表3.2.4的日常巡查和日常保养费用指标,按式(3.2.4-4)计算:

$$日常巡查和日常保养费 = 日常巡查和日常保养数量 \times 日常巡查和日常保养费用指标 \times 车道差异调整系数 \times (1+i) \quad (3.2.4\text{-}4)$$

表3.2.4　日常巡查和日常保养费用指标表

行政等级	公路[元/(km·年)]				桥梁[元/(m·年)]				隧道[元/(m·年)]			
	一类地区	二类地区	三类地区	四类地区	一类地区	二类地区	三类地区	四类地区	一类地区	二类地区	三类地区	四类地区
县道	17396.8	15373.9	14429.9	13485.9	272.9	241.2	226.4	211.6	256.8	227.0	213.0	199.1
乡道	7056.1	6235.7	5852.8	5469.9	191.0	168.8	158.4	148.1	191.0	168.8	158.4	148.1
村道	2954.0	2610.5	2450.2	2289.9	143.2	126.6	118.8	111.0	156.3	138.1	129.6	121.1

注:公路长度按路基合计长度(单位:km,即路线长度扣减桥梁和隧道后的长度)计算,桥梁长度(单位:m)按桥梁长度的合计值计算,隧道长度(单位:m)按单洞隧道长度的合计值计算。

条文说明

　　受人工、材料、机械设备等价格要素的宏观调控、市场供求等多因素影响,日常巡查费、日常保养费、小修费、检测评定及信息化维护费和养护工程费等费用的实施期相对于基期的价格综合增长率(i)非固定值,且各费用的年价格增长率(i_n)不一定相同。编制预算时,年价格增长率应结合养护类别,以及上一年度的预算价格涨跌情况、下一年的涨跌趋势取值。当编制时难以判定基期至编制期的年价格增长率时,可参照统计部门公布的相应年度的物价指数取定;当难以预测实施期年价格增长率时,可采用与编制期相同的年价格增长率。综合历年的物价增长情况看,年价格增长率取值范围一般为 -1.0% ~ 3.0%;当超出此取值范围时,应在编制说明中论证说明。

　　例:广东省某县在编制期2023年的下半年,编制该县实施期2024年的农村公路养护预算。经查询2022年、2023年相对上年的物价增长指数分别为1.5%、1%,预测2024年增长率同2023年为1%(或者难以预测而采用2023年相对于2022年的增长率)。编制者结合养护类别,参照此物价增长指数及预测趋势,取定日常巡查费此三年的年价格增长率为1.7%、0.9%、0.9%,取定日常保养费的年价格增长率取定为1.65%、1%、1%,其他类别的养护费用依次取定。确定以上年价格增长率后,如采用该县基期2022年的历史价格,则日常巡查费的价格综合增长率为 $i=(1+0.9\%)\times(1+0.9\%)-1=1.81\%$,则日常保养费的价格综合增长率为 $i=(1+1.0\%)\times(1+1.0\%)-1=2.01\%$;如采用本办法的费用标准、综合单价指标(基期为2021年),则日常巡查费的价格综合增长率为 $i=(1+1.7\%)\times(1+0.9\%)\times(1+0.9\%)-1=3.54\%$,则日常保养费的价格综合增长率为 $i=(1+1.65\%)\times(1+1.0\%)\times(1+1.0\%)-1=3.69\%$。

3.2.5 小修费分为小修费用指标计算和小修清单计价两种方式。编制预算时,有小修工程量清单的,应采用清单方式计价,确无小修工程量清单的,也可采用费用指标计算。

1 费用指标计算

小修费用指标按照县道、乡道、村道分为三类,其中公路小修包含路基、路面、涵洞、交通工程及沿线设施、绿化等,桥梁小修包含桥梁基础、下部结构、上部结构和桥面系等,隧道小修包含洞口、洞内路面及相关设施等。小修作业内容详见表3.2.5-1。小修费采用费用指标方式计算时,分有历史价格和无历史价格方式计算。

1) 有历史价格的,按式(3.2.5-1)计算:

$$小修费 = 小修工程量 \times 历史价格 \times (1+i) \quad (3.2.5\text{-}1)$$

2) 无历史价格的,可采用表3.2.5-2的小修费用指标,按式(3.2.5-2)计算:

$$小修费 = 小修工程量 \times 小修费用指标 \times 车道差异调整系数 \times (1+i) \quad (3.2.5\text{-}2)$$

表3.2.5-1 农村公路小修作业内容

工程部位		作业内容
公路	路基	1. 路肩小修包括调整横坡,处理缺口、坑洞、沉陷、隆起等病害; 2. 边坡小修包括清理零星塌方,填补坡面冲沟,处理坡脚冲刷、缺损等; 3. 排水设施小修包括维修边沟的沟壁损坏、沟底冲刷、铺砌缺损、盖板断裂等; 4. 防护及支挡结构小修包括修复表面破损、基础冲刷、勾缝、抹面等
	路面	1. 沥青路面小修包括处治路面的裂缝、坑槽、车辙、沉陷、波浪、拥包、松散、翻浆和泛油等病害; 2. 水泥混凝土路面小修包括处治路面的接缝料损坏、裂缝、坑洞、板角破碎、拱起等病害; 3. 砂石路面小修包括修复路面车辙、坑槽、松散等病害,维护保护层、磨耗层等; 4. 块石路面小修包括修复接缝,处治错台、沉陷、隆起等
	涵洞	涵洞小修包括修补涵底铺砌、洞口上下游路基护坡、进水口沉沙井、出水口跌水构造等
	交通工程及沿线设施	交通工程及沿线设施小修包括交通标线的局部修复维护,护栏、示警墩(桩)的刷漆、里程碑、百米桩的描字,交通安全设施的遮挡处理等

续表 3.2.5-1

工程部位	作业内容
桥梁	桥梁小修包括处治桥面裂缝、坑槽等病害，修理伸缩装置、泄水孔，修补栏杆、人行道、灯柱等，修复墩台基础、锥坡、翼墙等砌石圬工的松动和破损等
隧道	隧道小修包括维修洞口砌石松动和破损，处治隧道路面裂缝、坑槽等，修复洞门、洞身、衬砌、顶板、侧墙等结构的轻微病害，局部修复隧道内反光设施(标志)等

表 3.2.5-2 小修费用指标表

行政等级	公路[元/(km·年)]				桥梁[元/(m·年)]				隧道[元/(m·年)]			
	一类地区	二类地区	三类地区	四类地区	一类地区	二类地区	三类地区	四类地区	一类地区	二类地区	三类地区	四类地区
县道	6579.0	5814.0	5457.0	5100.0	153.5	135.6	127.1	118.9	131.6	116.3	108.9	101.9
乡道	3289.5	2907.0	2728.5	2550.0	76.5	67.6	63.4	59.3	65.6	58.0	54.3	50.8
村道	1973.7	1744.2	1637.1	1530.0	46.1	40.7	38.2	35.7	39.5	34.9	32.7	30.6

注：公路长度按路基合计长度(单位:km，即路线长度扣减桥梁和隧道后的长度)计算，桥梁长度(单位:m)按桥梁长度的合计值计算，隧道长度(单位:m)按单洞隧道长度的合计值计算。

2 清单计价

小修清单计价应按本办法附录 A 中 07 表的序列及内容编制。实际出现的工程项目与附录 A 中 07 表的内容不完全相符时，可按表格顺序以实际出现的级别依次排列增加。小修预算费用采用清单计价时，分有历史价格和无历史价格方式计算：

1) 有历史价格的，按式(3.2.5-3)计算：

$$\text{小修费} = \text{小修清单工程量} \times \text{历史价格} \times (1+i) \quad (3.2.5\text{-}3)$$

2) 无历史价格的，可采用本办法附录 B.1 的综合单价，按式(3.2.5-4)计算：

$$\text{小修费} = \text{小修清单工程量} \times \text{小修工程量清单综合单价} \times (1+i) \quad (3.2.5\text{-}4)$$

小修工程量清单的项目编码、项目名称、计量单位和计价工程内容等参考本办法附录 B.1 中农村公路小修工程量清单计价规则进行编制。

条文说明

套用表 3.2.5-2 的小修费用指标时，其实际作业内容应同表 3.2.5-1 包含的工作内容一致。

套用表 B.1-2 的综合单价时，其实际工作内容应同表 B.1-2 中包含的工作内容一致。

3.3 检测评定及信息化维护费

3.3.1 检测评定及信息化维护费包括技术状况检测评定费和信息化系统维护费。

3.3.2 技术状况检测评定费的费用指标分为县道、乡道、村道三类。公路技术状况检测评定包括路基、路面、涵洞、交通工程及沿线设施等。桥梁及隧道技术状况检测评定费用应按专业化检测评定费用计列。技术状况检测评定费分有历史价格和无历史价格方式计算。

1 有历史价格的,按式(3.3.2-1)计算:

$$公路技术状况检测评定费 = 需要进行技术状况检测评定的数量 \times 历史价格 \times (1+i) \quad (3.3.2\text{-}1)$$

2 无历史价格的,可采用表3.3.2的公路技术状况检测评定费用指标,按式(3.3.2-2)计算:

$$公路技术状况检测评定费 = 需要进行技术状况检测评定的数量 \times 公路技术状况检测评定费用指标 \times 车道差异调整系数 \times (1+i) \quad (3.3.2\text{-}2)$$

表 3.3.2　公路技术状况检测评定费用指标表

行 政 等 级	公路[元/(km·年)]
县道	1344.0
乡道	646.0
村道	262.0

注:公路长度按需进行技术状况检测评定的路线长度(扣减桥梁和隧道后的长度)进行计算。

条文说明

基于农村公路点多线短分散等特点,原则上采用多个农村公路养护工程小项目汇总形成农村公路养护项目包,统一计划、统一设计,发挥整体效应。

3.3.3 信息化系统维护费指农村公路养护管理单位用于农村公路养护管理信息系统数据更新、日常运行和维护的费用。信息化系统维护费的预算应依据农村公路养护管理需求进行编制,列入农村公路养护总预算。信息化系统维护费分有历史价格和无历史价格方式计算。

1 有历史价格的,按式(3.3.3-1)计算:

$$信息化系统维护费 = 信息化系统维护的数量 \times 历史价格 \times (1+i) \quad (3.3.3\text{-}1)$$

2 无历史价格的,可采用表3.3.3的信息化系统维护费用指标,按式(3.3.3-2)计算:

$$信息化系统维护费 = 信息化系统维护的数量 \times 信息化系统维护费用指标 \times (1+i) \quad (3.3.3\text{-}2)$$

表 3.3.3　信息化系统维护费用指标表

项　　目	（元/年）
信息化系统维护费	12000

注：信息化系统维护费以县（市、区）为单位统筹编制。

3.4　养护机械设备购置费

3.4.1　养护机械设备购置费是农村公路养护管理单位为开展日常养护和应急养护等工作，购置的构成固定资产标准的机械设备及小型机具所需的费用。

条文说明

养护机械设备购置费的产权单位为农村公路养护管理单位。养护机械设备的购置费不包括养护工程施工所需的施工机械设备费，其费用已包括在相应的清单综合价格中。

3.4.2　编制预算时，应由农村公路养护管理单位编制养护机械设备购置清单（包括机械设备的规格、数量、单价）。养护机械设备购置费应列入农村公路养护预算。养护机械设备购置费应以各类机械设备的数量（台套）乘以相应的购置单价进行计算，计算公式见式（3.4.2）。

$$养护机械设备购置费 = \sum_{机械设备类别}(机械设备数量 \times 相应机械设备购置单价) \tag{3.4.2}$$

3.5　养护工程费

3.5.1　养护工程费分为预防养护费、修复养护费、应急养护费。

3.5.2　预防养护和修复养护预算可按本办法相关规定进行编制。

3.5.3　应急养护费按本地区近 3 年应急养护工作实际发生额度的平均值进行预留。

3.5.4　农村公路预防养护和修复养护预算费用组成如图 3.5.4 所示。

农村公路预防养护和修复养护预算费用 ｛ 建筑安装工程费 / 前期工作费 / 竣（交）工验收试验检测费

图 3.5.4　农村公路预防养护和修复养护预算费用组成图

3.5.5 农村公路预防养护和修复养护建筑安装工程费应按本办法附录 B.2 的序列及内容编制。当实际出现的工程项目与附录 B.2 的内容不完全相符时,可按表格顺序以实际出现的级别依次排列增加。养护工程工程量清单的项目编码、项目名称、计量单位和计价工程内容等内容应参考本办法附录 B.2 进行编制。

条文说明

在计算养护工程费时,各地可根据农村公路养护实际需求,在养护工程费用中增加有关科目。

3.5.6 建筑安装工程费应按照实际(或预估、或设计)养护工程量,分有历史价格和无历史价格方式计算。

1 有历史价格的,按式(3.5.6-1)计算:
$$养护工程费 = 养护工程数量 \times 历史价格 \times (1+i) \qquad (3.5.6\text{-}1)$$

2 无历史价格的,工程量清单和清单综合单价可采用本办法附录 B.2,按式(3.5.6-2)计算:
$$养护工程费 = 养护工程数量 \times 清单综合单价 \times (1+i) \qquad (3.5.6\text{-}2)$$

3.5.7 前期工作费指委托设计、咨询单位对养护工程项目进行检测评定、设计等文件编制应支付的费用。前期工作费以建筑安装工程费为基数,按表 3.5.7 的费率,以累进办法计算。计算前期工作费小于 0.5 万元时,按照 0.5 万元计取。

表 3.5.7 前期工作费费率表

建筑安装工程费 (万元)	费率 (%)	算例(万元)	
		建筑安装工程费	前期工作费
20 及以下	5.63	20	20×5.63%=1.13
20~50	5.04	50	1.13+(50−20)×5.04%=2.64
50~100	4.50	100	2.64+(100−50)×4.50%=4.89
100~500	4.02	500	4.89+(500−100)×4.02%=20.97
500~1000	3.59	1000	20.97+(1000−500)×3.59%=38.92
1000~3000	3.20	3000	38.92+(3000−1000)×3.20%=102.92
3000 以上	2.86	3500	102.92+(3500−3000)×2.86%=117.22

注:采用两阶段设计的养护工程项目,按表 3.5.7 的费率计算后,乘以 1.2~1.4 的系数计取前期工作费。

条文说明

基于农村公路点多线短分散等特点,原则上采用多个农村公路养护工程小项目汇总形成农村公路养护项目包,统一计划、统一设计,发挥整体效应。

3.5.8 竣(交)工验收试验检测费指农村公路养护工程项目竣(交)工验收前,由农村公路养护管理单位或其委托单位按有关规定对预防养护和修复养护的工程质量进行试验检测,并出具试验检测意见等所需的费用。竣(交)工验收试验检测费分有历史价格和无历史价格方式计算。

1 有历史价格的,按式(3.5.8-1)计算:

$$竣(交)工验收试验检测费 = 需要进行竣(交)工验收试验检测的数量 \times 历史价格 \times (1+i) \quad (3.5.8-1)$$

2 无历史价格的,可采用表3.5.8的竣(交)工验收试验检测费用指标,按式(3.5.8-2)计算:

$$竣(交)工 = 需要进行竣(交)工验收试验检测的数量 \times 竣(交)工验收试验检测费用指标 \times (1+i) \quad (3.5.8-2)$$

表3.5.8 竣(交)工验收试验检测费用指标表

行政等级	公路(元/km)	桥梁(元/m)	隧道(元/m)
县道	4000.0	40.0	80.0
乡道	2400.0	28.0	56.0
村道	1400.0	22.0	44.0

注:1. 公路长度按养护工程路基合计长度(即路线长度扣减桥梁和隧道后的长度)计算。
2. 竣(交)工验收试验检测费按县道双向四车道、乡道双向两车道、村道单车道以表3.5.8的费用指标计算,每增减一个车道,按表3.5.8的指标增减10%;桥梁、隧道工程每增减一个车道,按表3.5.8的指标增减15%。
3. 钢管拱桥、斜拉桥、悬索桥、单孔跨径在120m以上(含120m)和基础水深在10m以上(含10m)等技术复杂大桥按市场价格计算。

条文说明

基于农村公路点多分散等特点,宜采用多个农村公路养护工程小项目汇总形成农村公路养护项目包,统一检测,发挥整体效应。

3.6 农村公路养护预算费用计算程序及计算方式

3.6.1 农村公路养护预算费用计算程序及计算方式见表3.6.1,农村公路预算编制流程及预算编制过程详见本办法附录C。

表3.6.1 农村公路养护预算费用计算程序及计算方式

序号	工程或费用名称	备注
一	日常养护费	(一)+(二)+(三)
(一)	日常巡查费	公路、桥梁、隧道日常巡查保养的数量×对应历史单价(无历史单价的,乘以对应地区类别日常巡查和日常保养费用指标×车道差异调整系数)
(二)	日常保养费	

续表 3.6.1

序号	工程或费用名称	备注
(三)	小修费	公路、桥梁、隧道小修的数量×对应历史单价(无历史单价的,乘以对应地区类别小修费用指标×车道差异调整系数)或预估小修工程量×历史单价(无历史单价的,乘以小修综合单价)
二	检测评定及信息化维护费	(四)+(五)
(四)	技术状况检测评定费	技术状况检测评定的公路里程长度×对应费用指标×车道差异调整系数,桥梁、隧道评定的数量×专业化评定费用指标
(五)	信息化系统维护费	根据需要进行计列
三	养护机械设备购置费	根据需要进行计列
四	养护工程费	(六)+(七)+(八)
(六)	预防养护费	先按实际(或预估)的养护工程量乘以对应历史单价(无历史单价的,乘以对应地区类别养护工程综合单价),然后计算养护工程量清单第100章总则所列费用,得出建筑安装工程费。以建筑安装工程费为基数计算前期工作费,竣(交)工验收试验检测费按照路线长度乘以费用指标计算。建筑安装工程费与前期工作费及竣(交)工验收试验检测费之和即为养护工程费
(七)	修复养护费	
(八)	应急养护费	按本地区近3年应急养护工作实际发生额度的平均值进行预留
五	农村公路养护预算总费用	一+二+三+四

附录 A 农村公路养护预算文件编制格式

××农村公路养护预算
第　册共　册

编　　制:(签字)
复　　核:(签字)
编制单位:(盖章)
编制时间:　年　月　日

目 录

1 编制说明
2 农村公路养护预算总费用汇总表(01 表)
3 农村公路养护预算费用汇总表(02 表)
4 日常养护费计算表(03 表)
5 检测评定及信息化维护费计算表(04 表)
6 养护机械设备购置费用表(05 表)
7 小修费汇总表(06 表)
8 小修工程量清单(07 表)
9 养护工程费汇总表(08 表)
10 养护工程工程量清单(09 表)

编制说明

一、概况

二、编制范围

三、费用计算

（一）日常养护费

（二）检测评定及信息化维护费

（三）养护机械设备购置费

（四）养护工程费

四、养护预算费用编制结果

农村公路养护预算总费用汇总表

单位名称：　　　　　　　　　　　　　　　　　　　　　　　　　　　01 表

序号	行政等级	费用类别											养护预算总费用（元）
		日常养护费				信息化维护费			养护机械设备购置费（元）	养护工程费			
		日常巡查费（元）	日常保养费（元）	小修费（元）	合计（元）	技术状况检测评定费（元）	信息化系统维护费（元）	合计（元）		预防养护费（元）	修复养护费（元）	应急养护费（元）	合计（元）	
1	县道													
1.1	××县道													
1.2	××县道													
1.3	…													
2	乡道													
2.1	××镇													
2.2	××镇													
2.3	…													
3	村道													
3.1	××镇													
3.2	××镇													
3.3	…													
4	合计													

编制：　　　　　　　　　　复核：　　　　　　　　　　日期：

农村公路养护预算费用汇总表

单位名称：　　　　　　　　　　行政等级：　　　　　　　　　　02 表

序号	工程或费用名称	数　量	金额(元)
一	日常养护费		
（一）	日常巡查费		
（二）	日常保养费		
（三）	小修费		
二	检测评定及信息化维护费		

续上表

序号	工程或费用名称	数　　量	金额(元)
(四)	技术状况检测评定费		
(五)	信息化系统维护费		
三	养护机械设备购置费		
四	养护工程费		
(六)	预防养护费		
(七)	修复养护费		
(八)	应急养护费		
五	农村公路养护预算总费用		

编制：　　　　　　　　　　复核：　　　　　　　　　　日期：

日常养护费计算表

单位名称：　　　　　　　　　　行政等级：　　　　　　　　　　03 表

费用	类　　别									合计(元)
	公路			桥梁			隧道			
	指标值 [元/ (km·年)]	数量 (km)	金额 (元)	指标值 [元/ (m·年)]	数量 (m)	金额 (元)	指标值 [元/ (m·年)]	数量 (m)	金额 (元)	
日常巡查费										
日常保养费										
小修费										
合计(元)										

编制：　　　　　　　　　　复核：　　　　　　　　　　日期：

检测评定及信息化维护费计算表

单位名称：　　　　　　　　　　行政等级：　　　　　　　　　　04 表

费用	类　　别									合计(元)
	公路			桥梁			隧道			
	指标值 [元/ (km·年)]	数量 (km)	金额 (元)	指标值 [元/ (m·年)]	数量 (m)	金额 (元)	指标值 [元/ (m·年)]	数量 (m)	金额 (元)	
技术状况检测评定费										
信息化系统维护费(元)										
合计(元)										

编制：　　　　　　　　　　复核：　　　　　　　　　　日期：

养护机械设备购置费用表

单位名称：　　　　　　　　　　　　行政等级：　　　　　　　　　　　05 表

序号	设备名称	规格	数量	单价	总价	备注
1						
2						
3						
4						
5						
6						
…						
合计(元)						

编制：　　　　　　　　　　复核：　　　　　　　　　　日期：

小修费汇总表

单位名称：　　　　　　　　　　　　行政等级：　　　　　　　　　　　06 表

费用类别	1 ××项目	2 ××项目	3 ××项目	…	合计(元)
第200章　路基工程					
第300章　路面工程					
第400章　桥梁、涵洞工程					
第500章　隧道工程					
第600章　交通工程及沿线设施					
第700章　绿化工程					
合计(元)					
合计＿＿＿＿＿元					

编制：　　　　　　　　　　复核：　　　　　　　　　　日期：

小修工程量清单

小修工程量清单(07 表)的内容与格式详见本办法附录 B.1。

养护工程费汇总表

单位名称：　　　　　　　　　行政等级：　　　　　　　　　　　　08 表

费 用 类 别			1	2	3	…	合计
			××项目	××项目	××项目	…	(元)
一、预防养护费							
1	建筑安装工程费	第100章　总则工程					
		第200章　路基工程					
		第300章　路面工程					
		第400章　桥梁、涵洞工程					
		第500章　隧道工程					
		第600章　交通工程及沿线设施					
		第700章　绿化工程					
		小计					
2	前期工作费						
3	竣(交)工验收试验检测费						
二、修复养护费							
1	建筑安装工程费	第100章　总则					
		第200章　路基工程					
		第300章　路面工程					
		第400章　桥梁、涵洞工程					
		第500章　隧道工程					
		第600章　交通工程及沿线设施					
		第700章　绿化工程					
		小计					
2	前期工作费						
3	竣(交)工验收试验检测费						
三、应急养护费			—	—	—	—	
合计(元)							

编制：　　　　　　　　　复核：　　　　　　　　　日期：

养护工程工程量清单

养护工程工程量清单(09表)的内容与格式详见本办法附录 B.2。

附录 B 广东省农村公路养护工程量清单计价规则及综合单价

B.1 广东省农村公路小修工程量清单计价规则及综合单价

1 通则

1.0.1 本部分主要规定了公路小修工程量清单的项目编号、项目名称、计量单位、计价工程内容等内容。

1.0.2 本部分中的各项工程量清单的基本要素,应按下列规定确定:

1 农村公路小修工程量清单项目编码均由章(2位)、节(3位)、子目(3位)和细目(4位)四级组成。农村公路小修工程量清单项目编码前加类型字母前缀,并以章、节、子目和细目依次逐层展开,如细目下还需细分,按4位数字依次展开。工程量清单项目分级及编码详见表 B.1-1。

表 B.1-1 工程量清单分级及编码

层 级	工程量清单项目编码				
	前缀	一	二	三	四
	养护类型	章	节	子目	细目
位数	字母	2位	3位	3位	4位
编码范围	NXX	01~99	100~999	001~999	0001~9999

2 计量单位采用基本单位。除特殊情况另有规定项目外,均按以下单位计算和计量:
1) 以体积计算和计量的项目:m^3、dm^3(立方分米);
2) 以面积计算和计量的项目:m^3、亩;
3) 以质量计算和计量的项目:t、kg;
4) 以长度计算和计量的项目:m;
5) 以自然体、单体或综合体计算和计量的项目:个、项、台、套、棵、块、处等;
6) 以"1"为默认数量,不随工程规模、数量变化而变化的项目:总额。

3 计价工程内容是对完成清单项目的主要工程或工作内容的明确,凡计价工程内容中未列明但应作为其组成内容的其他工程或工作,应作为该项目的附属工作,参照本办法相应规定或设计图纸综合考虑在单价中。

4 工程量清单中有标价的单价和总额价均已包括了为实施和完成合同工程所需的劳务、材料、机械、质检(自检)、安装、调试、缺陷修复、管理、保险(工程一切险和第三方责任险除外)、税费、利润等费用,若为局部拼(拓)宽工程,还应包括拼接、连接所需的各项费用。本工程的各类装备的提供、运输、维护、拆卸、拼装等支付的费用,应包含在工程量清单的单价与总额价之中。

1.0.3 工程量清单应采用综合单价计价。应根据规定的综合单价组成,按本部分的"计价工程内容"确定。

1.0.4 本部分未涉及的工程内容,可根据工程实际需要,自行补充相应的计价规则。

2 计价规则

2.0.1 农村公路小修中的工程量清单项目设置和计价内容,应按表 B.1-2 的规定执行。

3 综合单价

3.0.1 农村公路小修费按清单计价,无历史清单价格的,可采用表 B.1-2 的综合单价费用计算。

3.0.2 表 B.1-2 中,一类、二类、三类、四类地区综合单价根据广东省各市、县(市、区)调查的数据,经统计分析所得。

表 B.1-2 小修工程量清单及综合单价表

项目编号	项目名称	计量单位	综合单价指标(元)				计价工程内容
			一类地区	二类地区	三类地区	四类地区	
清单 第200章 路基工程							
NXX02100	清理						
NXX02100001	清理零星塌方	m³	19.7	17.6	16.2	15.3	1. 装、卸、运输1km 2. 刷坡
NXX02110	维修						
NXX02110001	路基坑塘处理	m³	54.3	48.4	44.6	42.1	1. 挖除和废弃原坑塘部位 2. 回填和压实砂性土、碎(砾)石,或用片(块)石嵌挤、铺石、砂土

续表 B.1-2

项目编号	项目名称	计量单位	综合单价指标(元)				计价工程内容
			一类地区	二类地区	三类地区	四类地区	
NXX02110002	边沟、排水沟、截水沟、急流槽清理	m	75.5	67.3	62.0	58.5	清理杂物,整修,疏通,清理现场
NXX02110003	维修、更换边沟盖板						
NXX021100030001	维修	块	22.1	19.7	18.1	17.1	1. 局部拆除、修补 2. 清理现场
NXX021100030002	更换	块	138.7	123.6	114.0	107.5	1. 拆除破损盖板 2. 重新预制、运输、安装 3. 清理现场
NXX02110004	挡土墙维修						1. 局部拆除、浆砌片石(片石混凝土、混凝土)修补 2. 清理现场
NXX021100040001	浆砌片石挡土墙	m³	641.0	571.4	526.7	496.9	
NXX021100040002	片石混凝土挡土墙	m³	973.2	867.6	799.7	754.4	
NXX021100040003	混凝土挡土墙	m³	1148.8	1024.1	943.9	890.5	
NXX02110005	边坡整理	m²	5.9	5.3	4.9	4.6	用黏性土填塞捣实(或修补拍实)、原边沟挖成台阶形、分层填筑压实、用草皮或方格植草加固
NXX02110006	土路肩修整	m²	5.7	5.1	4.7	4.4	处理缺口、坑洞、沉降、隆起病害及回填土压实等
NXX02110007	增设盲沟	m	96.4	85.9	79.2	74.7	1. 挖基整型 2. 垫层铺设 3. 材料埋设或粒料填充 4. 出水口砌筑 5. 顶部封闭层铺设、回填
清单 第300章 路面工程							
NXX03100	除雪、撒防滑料						
NXX03100001	除雪、除冰	m²	4.0	3.6	3.4	3.2	1. 清扫,铲除,运出路基外 2. 撒防滑材料
NXX03100002	防滑材料						
NXX031000020001	储备防滑材料	m³	1062.5	969.0	909.5	850.0	1. 采购与储存撒防滑材料
NXX031000020002	撒防滑材料	m²	6.6	6.0	5.7	5.3	1. 撒防滑材料
NXX03110	水泥混凝土路面维修						

续表 B.1-2

项目编号	项目名称	计量单位	综合单价指标(元)				计价工程内容
			一类地区	二类地区	三类地区	四类地区	
NXX03110001	破板修复						1. 挖、凿破损混凝土,周边凿毛、冲洗、配料、拌和、浇筑(加铺)、捣固(压实)、养生、填缝灌缝 2. 拉杆、传力杆、接缝、补强钢筋及其支架钢筋制作安装 3. 压(刻)纹(槽)
NXX031100010001	破板凿除	m³	206.3	188.1	176.6	165.0	
NXX031100010002	水泥混凝土修复		1100.0	1003.2	941.6	880.0	
NXX031100010003	沥青混凝土加铺		1993.8	1818.3	1706.7	1595.0	
NXX03110002	水泥混凝土路面板底						
NXX031100020001	灌(注)浆	m³	962.5	877.8	823.9	770.0	1. 灌(注)浆孔制作、恢复 2. 配料,拌和、运料、压浆
NXX031100020002	填充素混凝土	m³	962.5	877.8	823.9	770.0	1. 拌和、运料、灌注
NXX03110003	更换填缝料	m	15.1	13.8	12.9	12.1	1. 切缝,清除缝中杂物,配料,灌注,整平
NXX03110004	裂缝灌缝	m	14.0	12.8	12.0	11.2	1. 切缝,清除缝中杂物,填、灌填缝料
NXX03110005	错台处治	m	18.8	17.1	16.1	15.0	1. 磨平、清除缝内杂物,吹净灰尘,填入嵌缝料
NXX03110006	机械刻槽	m²	12.5	11.4	10.7	10.0	1. 刻槽 2. 清理现场
NXX03110007	修复剥落边角	m³	1611.2	1469.4	1379.2	1289.0	1. 清理干净剥落的板边,用沥青混凝土料或接缝材料修补平整 2. 修复
NXX03120	沥青混凝土路面维修						
NXX03120001	纵横向裂缝维修	m	17.2	15.7	14.7	13.8	1. 清扫裂缝 2. 熬油,运输,喷灯加温,灌缝,撒砂填充,摊平 3. 清理现场

续表 B.1-2

项目编号	项目名称	计量单位	综合单价指标(元)				计价工程内容
			一类地区	二类地区	三类地区	四类地区	
NXX03120002	块状裂缝、龟裂维修	m²	80.7	73.6	69.1	64.6	1. 清扫裂缝 2. 熬油,运输,喷灯加温,灌缝,撒砂填充,摊平 3. 清理现场
NXX03120003	沉陷、坑槽、车辙、翻浆处理	m²	65.6	59.8	56.1	52.5	1. 划线、开槽、清底 2. 熬油、运输、刷油、配料、拌和、摊铺、碾压 3. 清理现场
NXX03120004	波浪、搓板、拥包、泛油处理	m²	43.3	39.5	37.1	34.7	1. 刨除、清扫 2. 洒油、撒料、碾压、养生 3. 清理现场
NXX03120005	麻面、松散、脱皮、啃边处理	m²	48.0	43.8	41.1	38.4	1. 清除脱落和破损部分 2. 喷洒沥青、撒嵌缝料、碾压、养生 3. 清理现场
NXX03130	其他路面维修及路面结构物接顺处理						
NXX03130001	泥结集料类路面维修	m²	53.0	48.3	45.4	42.4	1. 清理破损部分路面 2. 配料、拌和、铺筑、养生 3. 清理现场
NXX03130002	砂石路面维修	m²	14.4	13.2	12.4	11.6	1. 清扫、整平路面,洒水,拉毛 2. 配料、拌和、铺筑、养生 3. 清理现场
NXX03130003	块石路面维修	m²	70.3	64.1	60.1	56.2	1. 拆除破损部分,清理 2. 铺筑、整型、养护 3. 清理现场
NXX03130004	稳定基层维修	m³	345.1	314.8	295.4	276.1	1. 挖除,清理 2. 拌和,铺筑,碾压,养护 3. 清理现场

续表 B.1-2

项目编号	项目名称	计量单位	综合单价指标(元)				计价工程内容
			一类地区	二类地区	三类地区	四类地区	
NXX03130005	路面结构物接顺处理	m²	334.4	305.0	286.2	267.5	1. 铣刨,清扫,洒油,配料,拌和,摊铺,碾压,养护,清理现场
NXX03140	缘石、侧石、平石维修						
NXX03140001	刷漆	m	21.7	19.8	18.6	17.4	1. 清理 2. 配料,刷涂料
NXX03140002	维修与更换	m	68.9	62.8	59.0	55.1	1. 拆除,清理 2. 预制,运输,安装
	清单 第400章 桥梁、涵洞工程						
NXX04100	桥面系维修						
NXX04100001	修复桥面铺装						
NXX041000010001	水泥混凝土桥面	m²	123.8	112.9	105.9	99.0	1. 挖、凿破损混凝土,周边凿毛、冲洗、配料、拌和、填筑、捣固、养生 2. 拉杆、传力杆、接缝、补强钢筋及其支架钢筋制作安装 3. 压(刻)纹(槽)
NXX041000010002	沥青混凝土桥面	m²	182.2	166.2	156.0	145.8	1. 清除脱落和破损部分或铣刨、废料外运、清扫 2. 配料、拌和、运输、摊铺、碾压、养生 3. 清理现场
NXX041000010003	防水层	m²	20.7	18.8	17.7	16.5	1. 清除 2. 桥面清洗 3. 防水黏结层喷涂 4. 防水层重新铺设
NXX04100002	修复排水系统						
NXX041000020001	泄水管	套	78.7	71.7	67.3	62.9	1. 疏通,拆除破损部分 2. 清理干净 3. 局部更换

续表 B.1-2

项目编号	项目名称	计量单位	综合单价指标(元)				计价工程内容
			一类地区	二类地区	三类地区	四类地区	
NXX041000020002	排水槽	m	44.9	40.9	38.4	35.9	1. 疏通,拆除破损部分 2. 清理干净 3. 局部更换
NXX04100003	修补人行道、护栏	m	202.1	184.3	173.0	161.7	1. 修理或局部更换
NXX04100004	桥上灯柱维护	个	70.3	64.1	60.1	56.2	1. 修理或扶正
NXX04100005	维护伸缩装置	m	124.1	113.2	106.3	99.3	1. 拆除,清理 2. 安装
NXX04100006	护栏刷漆	m	53.9	49.1	46.1	43.1	1. 清扫灰土 2. 涂涂料或刷漆
NXX04100007	支座维修	个	258.8	236.0	221.5	207.0	1. 清除污垢 2. 除锈,刷漆,注油,维修
NXX04110	**桥梁下部结构维修**						
NXX04110001	墩台及基础						
NXX041100010001	混凝土浇筑修补	m³	984.3	897.6	842.5	787.4	1. 清除杂物,河床疏浚 2. 拆除破损部分 3. 维修,保养
NXX041100010002	砖砌修补		375.0	342.0	321.0	300.0	
NXX04110002	锥坡、翼墙						
NXX041100020001	混凝土浇筑修补	m³	971.3	885.8	831.4	777.0	1. 清除杂物,河床疏浚 2. 拆除破损部分 3. 维修,保养
NXX041100020002	砖砌修补		374.5	341.5	320.6	299.6	
NXX04110003	抛石护基	m³	256.3	233.7	219.4	205.0	1. 抛填块石、片石、铅丝石笼等
NXX04120	**涵洞维修**						
NXX04120001	混凝土局部维修	m³	1062.5	969.0	909.5	850.0	1. 清理破损部位 2. 沥青混合料或水泥混凝土拌和、运输、摊铺或浇筑、压实、成型 3. 清理现场
NXX04120002	浆砌片石修补	m³	536.8	489.5	459.5	429.4	1. 清理破损部位 2. 铺设垫层 3. 配拌砂浆 4. 砌筑、勾缝 5. 清理现场

续表 B.1-2

项目编号	项目名称	计量单位	综合单价指标(元)				计价工程内容
			一类地区	二类地区	三类地区	四类地区	
清单　第500章　隧道工程							
NXX05100	隧道清洁维护						
NXX05100001	顶板和内装清洁	m²	53.4	48.7	45.7	42.7	1. 清洁处理
NXX05110	隧道维修						
NXX05110001	洞口						
NXX051100010001	杂草清理	m²	10.5	9.6	9.0	8.4	1. 清理杂草
NXX051100010002	落物清理	m²	7.0	6.4	6.0	5.6	1. 清理碎石、断枝等落物
NXX051100010003	洞门修补	m²	1125.0	1026.0	963.0	900.0	1. 设置施工作业安全区域 2. 搭拆工作平台 3. 贴瓷砖、刷油漆、修复 4. 清理现场
NXX05110002	洞身						
NXX051100020001	裂缝灌缝及勾缝	m	51.1	46.6	43.8	40.9	1. 清理修补部位 2. 拌和灌缝料 3. 灌缝、勾缝 4. 清理场地
NXX051100020002	砂浆抹面	m²	52.6	48.0	45.0	42.1	1. 清理修补部位 2. 打毛 3. 砂浆制作、抹面 4. 清理场地
NXX051100020003	砌体加固	m³	512.3	467.2	438.5	409.8	1. 接触面处理 2. 砌体砌筑、抹面 3. 清理场地
NXX051100020004	混凝土加固	m³	1015.6	926.3	869.4	812.5	1. 设置作业面 2. 接触面处理 3. 混凝土加固 4. 清理场地
NXX051100020005	洞身刷油漆	m²	83.9	76.5	71.8	67.1	1. 清理修补部位 2. 刷油漆 3. 清理现场

续表 B.1-2

项目编号	项目名称	计量单位	综合单价指标(元)				计价工程内容
			一类地区	二类地区	三类地区	四类地区	
NXX05110003	排水设施	m	108.1	98.6	92.6	86.5	1. 维护排水设施 2. 修复破损部分，疏通排水管
NXX05110004	洞内衬维护	m²	72.5	66.1	62.1	58.0	1. 维护 2. 修复或更新破损部分
NXX05110005	人行道和检修道	m	54.5	49.7	46.7	43.6	1. 维护 2. 修复或更新破损部分，保养
NXX05110006	照明设施	处	35.1	32.0	28.1	28.1	1. 维护 2. 修复破损部分，保养
清单 第600章 交通工程及沿线设施							
NXX06100	交通安全设施清洁维护						
NXX06100001	公路交通标志清洁维护						
NXX0610000010001	单柱式交通标志维护	块	126.5	112.8	104.0	98.1	1. 清洗 2. 维护或局部更换 3. 清理现场
NXX0610000010002	双柱式交通标志维护		136.0	121.2	111.7	105.4	
NXX0610000010003	门架式交通标志维护		378.0	337.0	310.6	293.0	
NXX0610000010004	单悬臂式交通标志维护		378.0	337.0	310.6	293.0	
NXX0610000010005	双悬臂式交通标志维护		378.0	337.0	310.6	293.0	
NXX0610000010006	附着式交通标志维护		119.5	106.5	98.2	92.6	
NXX06110	护栏维修						
NXX06110001	波形护栏局部更换						

续表 B.1-2

项目编号	项目名称	计量单位	综合单价指标(元)				计价工程内容
			一类地区	二类地区	三类地区	四类地区	
NXX061100010001	维修	m	110.9	98.9	91.2	86	1. 局部维修 2. 拆除、更换破损部分 3. 清理现场
NXX061100010002	局部更换(普通型)	m	366.7	326.9	301.4	284.3	
NXX06110002	缆索护栏维修及局部更换						
NXX061100020001	维修	m	112.5	100.3	92.4	87.2	1. 局部维修 2. 清理现场
NXX06110003	活动护栏局部更换	m	355.1	316.6	291.8	275.3	1. 局部维修 2. 拆除、更换破损部分 3. 清理现场
NXX06110004	墙式护栏或示警墩局部更换						
NXX061100040001	连续式墙式护栏局部更换	m	459.5	409.6	377.5	356.2	1. 局部维修 2. 拆除、更换破损部分 3. 清理现场
NXX061100040002	间断式示警墩局部更换	m	465.3	414.8	382.4	360.7	1. 局部维修 2. 拆除、更换破损部分 3. 清理现场
NXX06120	护栏及示警墩油漆						
NXX06120001	混凝土护栏面油漆	m	39.1	34.8	32.1	30.3	1. 清刷干净 2. 涂涂料(油漆)
NXX06120002	钢护栏面油漆		45.15	40.25	37.1	35	
NXX06120003	砌体面油漆		39.1	34.8	32.1	30.3	
NXX06130	隔离栅及护网维修	m	193.5	172.5	159.0	150.0	1. 修复破损部分 2. 清理现场 3. 支架制作安装、防护网片安设
NXX06140	公路交通标志维修						
NXX06140001	里程碑、百米桩、界碑更换						
NXX061400010001	里程碑更换	块	474.7	423.2	390.1	368	1. 拆除破损碑(牌、桩),清理现场 2. 制作安装
NXX061400010002	百米桩更换	块	145.9	130.1	119.9	113.1	
NXX061400010003	界碑更换		541.8	483	445.2	420	

续表 B.1-2

项目编号	项目名称	计量单位	综合单价指标(元)				计价工程内容
			一类地区	二类地区	三类地区	四类地区	
NXX06140002	隔离墩维修						
NXX061400020001	更换	处	461.8	411.6	379.4	357.9	1. 拆除破损部分,清理现场 2. 制作安装
NXX061400020002	油漆	处	117.9	105.2	96.9	91.4	1. 清刷干净 2. 涂油漆
NXX06140003	示警桩维修						
NXX061400030001	更换	根	119.8	106.8	98.5	92.8	1. 拆除破损部分,清理现场 2. 制作安装
NXX061400030002	油漆	根	41.1	36.7	33.8	31.9	1. 清刷干净 2. 涂油漆
NXX06150	公路交通标线局部修复						
NXX06150001	旧标线清除	m²	19.4	17.3	15.9	15	清除旧标线,清扫路面
NXX06150002	热熔型涂料路面标线局部修复(1号标线)	m²	80.2	71.5	65.9	62.2	1. 清除旧标线,清扫路面 2. 放样、划线
NXX06150003	溶剂加热涂料路面标线局部修复(1号标线)	m²	85.3	76.0	70.1	66.1	1. 清除旧标线,清扫路面 2. 放样、划线
NXX06150004	冷漆路面标线局部修复	m²	64.5	57.5	53.0	50.0	1. 清除旧标线,清扫路面 2. 放样、划线
NXX06150005	突起路标更换(单面)	个	38.7	34.5	31.8	27.5	1. 拆除旧路标,路面清洗 2. 安装
NXX06150006	轮廓标更换	个	36.8	32.8	30.2	28.5	1. 拆除破损部分,清理 2. 安装
NXX06160	防眩设施维修						
NXX06160001	防眩板更换	块	98.6	87.9	81.0	76.4	1. 拆除破损部分,清理 2. 安装
NXX06160002	防眩网更换	m	194.1	173.1	159.5	150.5	

续表 B.1-2

项目编号	项目名称	计量单位	综合单价指标(元)				计价工程内容
			一类地区	二类地区	三类地区	四类地区	
清单 第700章 绿化工程							
NXX07100	绿化补植						
NXX07100001	乔木补植	棵	90.8	81.4	75.7	62.6	1. 划线布坑,挖坑 2. 栽植,扶正,回填,浇水,养护 3. 现场清理
NXX07100002	灌木补植	棵	39.9	35.8	33.3	27.5	
NXX07100003	草皮补植	m²	48.2	43.2	40.2	33.2	1. 修整表土,铺植草皮,洒水,养生 2. 清理现场
NXX07100004	草籽补播	m²	24.9	22.3	20.8	17.2	1. 修整表土,撒播草籽,洒水覆盖及养护 2. 清理现场

B.2 广东省农村公路养护工程工程量清单计价规则及综合单价

1 通则

1.0.1 本部分主要规定了公路养护工程工程量清单的项目编号、项目名称、计量单位、计价工程内容等内容。

1.0.2 本部分共分七章:总则,路基工程,路面工程,桥梁、涵洞工程,隧道工程,交通工程及沿线设施,绿化工程。

1.0.3 本部分中的各项工程量清单的基本要素,应按下列规定确定:

1 农村公路养护工程工程量清单项目编码均由章(2位)、节(3位)、子目(3位)和细目(4位)四级组成。农村公路养护工程工程量清单项目编码前加类型字母前缀,并以章、节、子目和细目依次逐层展开,如细目下还需细分,按4位数字依次展开。工程量清单项目分级及编码详见表B.2-1。

表 B.2-1 工程量清单分级及编码

层级	工程量清单项目编码				
	前缀	一	二	三	四
	养护类型	章	节	子目	细目
位数	字母	2位	3位	3位	4位
编码范围	NYH	01～99	100～999	001～999	0001～9999

2 计量单位采用基本单位,除特殊情况另有规定项目外,均按以下单位计算和计量:

1) 以体积计算和计量的项目:m^3、dm^3(立方分米);
2) 以面积计算和计量的项目:m^2、亩;
3) 以质量计算和计量的项目:t、kg;
4) 以长度计算和计量的项目:m;
5) 以自然体、单体或综合体计算和计量的项目:个、项、台、套、棵、块、处等;
6) 以"1"为默认数量,不随工程规模、数量变化而变化的项目:总额。

3 计价工程内容是对完成清单项目的主要工程或工作内容的明确,凡计价工程内容中未列明但应作为其组成内容的其他工程或工作,应作为该项目的附属工作,参照本办法相应规定或设计图纸综合考虑在单价中。

4 工程量清单中有标价的单价和总额价均已包括了为实施和完成合同工程所需的劳务、材料、机械、质检(自检)、安装、调试、缺陷修复、管理、保险(工程一切险和第三方责任险除外)、税费、利润等费用,若为局部拼(拓)宽工程,还应包括拼接、连接所需的各项费用。本工程的各类装备的提供、运输、维护、拆卸、拼装等支付的费用,应包含在工程量清单的单价与总额价之中。

1.0.4 就地浇注和预制混凝土、钢筋混凝土、预应力混凝土,石料及混凝土预制块砌体等工程所用的模板、拱架、挂篮和支架的设计制作、安装、拆除施工等有关作业,作为有关工程的附属工作,不另行计量;施工现场交通组织、维护费,应综合考虑在各项目内,不单独计价。

1.0.5 工程量清单应采用综合单价计价,应根据规定的综合单价组成,按本部分的"工程内容"和设计文件确定。

1.0.6 本部分未涉及的工程内容,可根据工程实际需要,在项目的技术规范中自行补充相应的计价规范。

2 第100章 总则

2.1 一般规定

2.1.1 本章为总则,主要包括保险费、工程管理、临时工程与设施、承包人驻地建设等内容,计算费用时建筑安装工程费取费基数不包含本章费用。

2.1.2 保险费分工程一切险和第三方责任险。工程一切险是为永久工程、临时工程和设备及已运至施工工地用于永久工程的材料和设备所投的保险。第三方责任险是对因实施本合同工程而造成的财产(本工程除外)的损失和损害或人员(业主和承包人雇员除外)的死亡或伤残所负责任进行的保险。保险费率按议定保险合同费率办理(保险期限应至竣工验收为止),根据保单实际额度予以计量,当保单中的工程一切险和第三方责任险两险合一而难以分开时,可根据实际总额合理分摊。保险费以建筑安装工程费为基数,按0.3%费率计算。

2.1.3 施工环保费是承包人在施工过程中采取预防和消除环境污染措施所需的费用。施工环保费应按当地环保要求及实际需要进行列支。

2.1.4 养护保通费是承包人在公路养护维修过程中所采取的场外交通安全管制,设置相关安全设施及媒体公告等所需的费用。工程保通费应按设计需要进行列支。

2.1.5 安全生产费包括完善、改造和维护安全设施设备费用,配备、维护、保养应急救援器材、设备费用,开展重大危险源和事故隐患评估和整改费用,安全生产检查、评价、咨询费用,配备和更新现场作业人员安全防护用品支出,安全生产宣传、教育、培训费用,安全设施及特种设备检测检验费用,施工安全风险评估、应急演练等有关工作及其他与安全生产直接相关的费用。安全生产费以建筑安装工程费(不含安全生产费和保险费)为基数按国家有关规定费率计算。

2.1.6 临时工程与设施费是承包人为完成工程建设,建设临时便道、便桥以及临时占用土地的租用费。临时用地费已包含临时占地恢复费,临时占地退还前,承包人应负责恢复到临时用地使用前的状况。未经审批的占地和超过批准的占地使用时间所发生的一切费用和后果由承包人自负。临时工程与设施费应按设计需要进行列支。

2.1.7 承包人驻地建设费是指承包人为工程建设必须临时修建或租赁的承包人住房、办公房、加工车间、仓库、试验室和必要的供水、卫生、消防设施所需的费用,其中包括拆除与恢复到原来的自然状况的费用。承包人驻地费应按设计要求进行列支。

2.2 计价规则

2.2.1 工程量清单项目设置及计价内容,应按表 B.2-2 的规定执行。

表 B.2-2 第 100 章 总则

项目编号	项目名称	计量单位	工程内容
NYH01100	通则		
NYH01100001	保险费		
NYH011000010001	按合同条款规定,提供建筑工程一切险	总额	
NYH011000010002	按合同条款规定,提供第三方责任险	总额	
NYH01110	工程管理		
NYH01110001	施工环保费	总额	1. 施工场地硬化 2. 控制扬尘 3. 降低噪声 4. 施工水土保持 5. 合理排污等一切与施工环保有关的作业
NYH01110002	养护保通费	总额	1. 交通安全管制 2. 安全设施的安装、拆除、移动、养护 3. 专职安全人员配备 4. 媒体公告等有关费用
NYH01110003	安全生产费	总额	1. 一般的安全防护措施 2. 边通车边施工的安全维护经费 3. 灭火器具配置 4. 危险与放射物品保护 5. 有关设备的维护、安全标志设置等
NYH01120	临时工程与设施		
NYH01120001	临时便道	m	保证车辆人员进出现场通畅,所需物资能及时运至现场的临时道路和桥梁
NYH01120002	临时便桥	m	
NYH01120003	临时工程用地	亩	1. 承包人办公和生活用地 2. 仓库与料场用地 3. 预制场地 4. 借土场地及临时堆土场 5. 工地试验室用地 6. 临时道路用地等 7. 用地退还前恢复到使用前状况

续表 B.2-2

项目编号	项目名称	计量单位	工 程 内 容
NYH01130	承包人驻地建设	总额	1. 承包人办公室、住房及生活区建设与管理 2. 车间与工作场地、仓库、料场 3. 工地试验室建设与管理 4. 医疗卫生的提供与消防设施的配置，驻地设施的维护与完工后的全部拆迁

3 第200章 路基工程

3.1 一般规定

3.1.1 本章为路基工程，主要包括场地清理及拆除、拆除路上结构物、局部维修挖（填）方、路基处治、修复或完善排水设施、修复或完善防护工程等内容。

3.1.2 路基处治包括路基翻浆、路基注浆的处治及其相关的工程作业。

3.1.3 修复或完善排水设施包括边沟、排水沟、截水沟、急流槽、盲（渗）沟、拦水带和跌水井等结构物的修复及有关的作业。

3.1.4 修复或完善防护工程包括清理塌方、滑坡、风化碎石及滑坡、边坡防护、挡土墙、挂网坡面防护、预应力锚索及锚固桥及河道防护等结构物的修复及有关的作业。废方弃运堆放等均包含在相应的工程项目当中，不另行计量。

3.1.5 硬路肩产生病害应参照同类型路面病害处治。

3.1.6 本章项目未明确指出的工程内容，如：场地清理、脚手架的搭拆、模板的安装、拆除及场地运输等均包含在相应的工程项目中，不另行计量。

3.2 计价规则

3.2.1 工程量清单项目设置及计价内容，应按表 B.2-3 的规定执行。

3.3 综合单价

3.3.1 农村公路养护工程路基工程无历史价格的清单项目,可采用表 B.2-3 的综合单价费用计算。

3.3.2 表 B.2-3 中,一类、二类、三类、四类地区综合单价根据广东省各市、县(市、区)调查的数据,经统计分析所得。

表 B.2-3 第 200 章 路基工程清单及综合单价表

项目编号	项目名称	计量单位	综合单价指标(元)				工程内容
			一类地区	二类地区	三类地区	四类地区	
NYH02100	场地清理及拆除						
NYH02100001	清理与凿除						
NYH02100001001	清理现场	m²	2.1	1.8	1.7	1.6	1. 清除垃圾、废料、表土(腐殖土)、石头、草皮 2. 适用材料的装卸、移运、堆放及废料的移运处理 3. 现场清理
NYH02100001002	砍树挖根	棵	55.3	49.3	45.5	42.9	1. 砍伐 2. 截锯 3. 挖除树根 4. 装卸、移运至指定地点堆放 5. 现场清理
NYH02110	拆除结构物						
NYH02110001	拆除砖砌体结构	m³	73.8	65.8	60.6	57.2	1. 拆除前原有交通、排水等相关内容的妥善处理 2. 不同结构物(含必要的地下部分内容)的挖除、装卸、运输和定点堆放 3. 挖除后坑穴的回填并压实
NYH02110002	拆除干砌片(块)石结构		94.8	84.5	77.9	73.5	
NYH02110003	拆除浆砌片(块)石结构		97.4	86.8	80.0	75.5	
NYH02110004	拆除混凝土结构		202.3	180.3	166.2	156.8	
NYH02110005	拆除钢筋混凝土结构		302.6	269.8	248.7	234.6	
NYH02110006	人工拆除钢筋混凝土结构		580.5	517.5	477.0	450.0	

续表 B.2-3

项目编号	项目名称	计量单位	综合单价指标(元)				工 程 内 容
			一类地区	二类地区	三类地区	四类地区	
NYH02120	局部维修挖方						
NYH02120001	挖土方	m³	12.6	11.3	10.4	9.8	1. 施工防排水、临时道路及安全措施 2. 路堑、线外工程土方开挖、装卸、运输 3. 路基顶面挖松压实 4. 整修边坡 5. 弃方和剩余材料处理
NYH02120002	挖石方	m³	67.3	60.0	55.3	52.2	1. 施工防排水、临时道路及安全措施 2. 路堑、线外工程石方爆破、开挖、装卸、运输 3. 清理坡面松石,路基顶面凿平或超挖回填压实 4. 整修边坡 5. 填方利用石方的堆放、分理、解小、破碎 6. 弃方和剩余材料处理
NYH02120003	挖淤泥	m³	33.3	29.7	27.3	25.8	1. 围堰、排水 2. 开挖、装卸、运输 3. 弃方处理 4. 围堰拆除
NYH02130	局部维修填方						
NYH02130001	利用方填筑	m³	10.6	9.4	8.7	8.2	1. 施工防、排水及安全措施 2. 坡地挖台阶 3. 含水率调整、摊平、压实 4. 软基路段沉降及变位监测 5. 路基整修

续表 B.2-3

项目编号	项目名称	计量单位	综合单价指标(元)				工程内容
			一类地区	二类地区	三类地区	四类地区	
NYH02130002	借方填筑	m³	21.0	18.7	17.3	16.3	1. 借方场资源费、非适用材料清除、地貌恢复、临时道路及安全措施等 2. 借方爆破、开挖、装卸、运输 3. 借方堆放、分理、解小、破碎 4. 施工防、排水 5. 坡地挖台阶 6. 含水率调整、摊平、压实 7. 软基路段沉降及变位监测 8. 路基整修
NYH02130003	结构物台背回填砂砾	m³	154.8	138.0	127.2	120.0	1. 挖运、掺配、拌和 2. 摊平、压实 3. 洒水或养护 4. 土工合成材料和防排水材料铺设 5. 整型
NYH02130004	土石方增运	m³·km	1.5	1.4	1.3	1.2	运输,空回
NYH02140	**路基处治**						
NYH02140001	路基翻浆处治						
NYH021400010001	设置透水隔离层	m³	330.5	294.6	271.6	256.2	1. 挖运 2. 铺筑粗集料 3. 铺苔藓、泥炭、草皮或土工布等透水性材料防淤层 4. 连接路基边坡部位铺大块片石 5. 整型
NYH021400010002	增设盲沟	m	90.6	80.7	74.4	70.2	1. 挖盲沟槽 2. 填筑透水性材料、埋设带孔的泄水管 3. 沟面铺草皮
NYH02140002	路基注浆处治	m³	1505.4	1342.1	1237.0	1167.0	1. 注浆 2. 养生
NYH02140003	清淤换填(砂石)	m³	264.5	235.8	217.3	205.0	1. 挖淤泥,堆放 2. 回填

续表 B.2-3

项目编号	项目名称	计量单位	综合单价指标(元)				工程内容
			一类地区	二类地区	三类地区	四类地区	
NYH02150	修复或完善排水设施						
NYH02150001	边沟	m³	645	575	530	500	1. 拆除破损部分 2. 基坑开挖整型 3. 片石准备或混凝土预制块预制、铺设垫层、砌筑勾缝 4. 沟底抹面及压顶 5. 预制安装盖板
NYH02150002	排水沟	m³	645	575	530	500	
NYH02150003	截水沟	m³	645	575	530	500	
NYH02150004	急流槽	m³	645	575	530	500	1. 拆除破损部分 2. 挖基整型 3. 铺设垫层、砌筑勾缝或混凝土浇筑(包括消力池、消力坎、抗滑台等附属设施) 4. 接头填塞 5. 抹面压顶
NYH02150005	盲(渗)沟	m	125.1	111.6	102.8	97.0	1. 拆除破损部分 2. 挖基整型 3. 垫层铺设 4. 土工材料设置、管材埋设或粒料填充 5. 出水口砌筑 6. 顶部封闭层铺设、回填
NYH02150006	拦水带	m	59.0	52.6	48.4	45.7	1. 拆除破损部分 2. 基坑开挖整型 3. 片石准备或混凝土预制块预制、铺设垫层、砌筑勾缝
NYH02150007	跌水井	个	431.0	384.2	354.1	334.1	1. 拆除破损部分 2. 基坑开挖整型 3. 垫层铺设 4. 混凝土拌和、运输、浇筑
NYH02160	修复或完善防护工程						
NYH02160001	清理塌方、滑坡、风化碎石	m³	32.8	29.2	26.9	25.4	1. 开挖 2. 装卸、运输 3. 整修边坡 4. 弃方处理

续表 B.2-3

项目编号	项目名称	计量单位	综合单价指标(元)				工程内容
			一类地区	二类地区	三类地区	四类地区	
NYH02160002	削坡	m³	62.3	55.5	51.2	48.3	1. 开挖 2. 装卸、运输 3. 整修边坡 4. 弃方处理
NYH02160003	修复或完善生态植被护坡						
NYH021600030001	铺(植)草皮	m²	19.4	17.3	15.9	15.0	1. 挖除破损部分 2. 整修边坡、铺设植土 3. 铺设草皮 4. 养护 5. 保养达到规定成活率
NYH021600030002	播植(喷播)草灌	m²	14.8	13.2	12.2	11.5	1. 挖除破损部分 2. 整修边坡、铺设植土 3. 播植(喷播)草灌 4. 养护 5. 保养达到规定成活率
NYH021600030003	客土喷播草灌	m²	37.5	33.5	30.8	29.1	1. 拆除破损部分 2. 喷播混合物准备 3. 平整坡面、喷播植草灌 4. 养护 5. 保养达到规定成活率
NYH021600030004	TBS 生态植被	m²	32.0	28.5	26.3	24.8	1. 拆除破损部分 2. 基材混合物准备 3. 平整坡面、打设挂网锚杆 4. 挂网、喷混植草灌 5. 养护 6. 保养达到规定成活率
NYH021600030005	土工格室植草灌	m²	39.2	35.0	32.2	30.4	1. 拆除破损部分 2. 平整坡面 3. 铺设、连接、固定土工格室 4. 铺设植土、喷播植草灌 5. 养护 6. 保养达到规定成活率

续表 B.2-3

项目编号	项目名称	计量单位	综合单价指标(元)				工程内容
			一类地区	二类地区	三类地区	四类地区	
NYH021600030006	植生袋植草灌	m²	60.9	54.3	50.0	47.2	1. 拆除破损部分 2. 平整、拍实坡面 3. 植生袋摆放、拍实 4. 养护 5. 保养达到规定成活率
NYH02160004	修复或完善浆砌片石护坡						
NYH021600040001	骨架护坡	m²	120.1	107.1	98.7	93.1	1. 清洗、修补 2. 拆除破损部分 3. 整修边坡 4. 挖砌体槽或基坑并夯实、回填 5. 砌筑、勾缝及襟边等设置,铺设必要的垫层、滤水层及制作安装沉降缝、伸缩缝、泄水孔
NYH021600040002	满砌护坡		235.3	209.8	193.3	182.4	
NYH02160005	修复或完善混凝土护坡						
NYH021600050001	预制块骨架护坡	m²	74.4	66.4	61.2	57.7	1. 拆除破损部分 2. 整修边坡 3. 挖砌体(混凝土)槽或基坑并夯实、回填 4. 预制、铺设混凝土块或模注混凝土、设置襟边等 5. 铺设垫层、滤水层及制作安装沉降缝、伸缩缝、泄水孔
NYH021600050002	预制块满砌护坡		79.7	71.1	65.5	61.8	
NYH021600050003	现浇混凝土骨架护坡		74.0	66.0	60.8	57.4	
NYH021600050004	锚杆构架护坡	m²	88.2	78.7	72.5	68.4	1. 拆除破损部分 2. 整修边坡 3. 锚杆打设、模注构架混凝土 4. 铺设垫层及制作安装沉降缝、伸缩缝、泄水孔

续表 B.2-3

项目编号	项目名称	计量单位	综合单价指标(元)				工程内容
			一类地区	二类地区	三类地区	四类地区	
NYH02160006	修复或完善挂网土工格栅喷浆防护边坡						
NYH021600060001	厚50mm喷浆防护边坡	m²	69.9	62.3	57.5	54.2	1. 拆除破损部分 2. 喷浆 3. 养生
NYH021600060002	每增加或减少10mm喷浆防护边坡	m²	7.7	6.9	6.4	6.0	
NYH021600060003	铁丝网	m²	24.4	21.7	20.0	18.9	1. 拆除破损部分 2. 整修边坡 3. 挂网或铺设土工格栅
NYH021600060004	土工格栅	m²	22.1	19.7	18.1	17.1	
NYH021600060005	锚杆	m	41.3	36.8	33.9	32.0	1. 拆除破损部分 2. 钻孔、清孔 3. 锚杆制作安装、灌浆
NYH02160007	修复或完善挂网锚喷混凝土防护边坡（全坡面）						
NYH021600070001	厚50mm喷混凝土防护边坡	m²	53.7	47.8	44.1	41.6	1. 拆除破损部分 2. 喷射混凝土 3. 养生
NYH021600070002	每增加或减少10mm喷混凝土防护边坡	m²	14.2	12.7	11.7	11.0	
NYH021600070003	钢筋网	kg	7.1	7.1	5.8	5.5	1. 拆除破损部分 2. 整修边坡 3. 挂网或铺设土工格栅
NYH021600070004	铁丝网	m²	24.0	21.4	19.7	18.6	
NYH021600070005	土工格栅	m²	21.5	19.2	17.7	16.7	
NYH021600070006	锚杆	m	41.2	36.7	33.8	31.9	1. 拆除破损部分 2. 钻孔、清孔 3. 锚杆制作安装、灌浆
NYH02160008	修复或完善坡面防护						
NYH021600080001	喷射混凝土（厚50mm）	m²	52.5	46.8	43.1	40.7	1. 拆除破损部分 2. 整修边坡 3. 喷射混凝土或砂浆 4. 养生
NYH021600080002	每增加或减少10mm		15.1	13.5	12.4	11.7	
NYH021600080003	喷射水泥砂浆（厚50mm）		66.4	59.2	54.6	51.5	
NYH021600080004	每增加或减少10mm		7.7	6.9	6.4	6.0	

续表 B.2-3

项目编号	项目名称	计量单位	综合单价指标(元) 一类地区	综合单价指标(元) 二类地区	综合单价指标(元) 三类地区	综合单价指标(元) 四类地区	工 程 内 容
NYH02160009	预应力锚索(杆)边坡加固						
NYH021600090001	预应力锚索	m	451.5	402.5	371.0	350.0	1. 拆除破损部分 2. 场地清理 3. 钻孔、清孔及锚索制作安装(含护套) 4. 张拉、注浆 5. 锚固、封端
NYH021600090002	锚杆	m	258.0	230.0	212.0	200.0	1. 场地清理 2. 钻孔、清孔及锚杆制作安装(含护套) 3. 张拉、注浆 4. 锚固、封端
NYH021600090003	混凝土锚固板(墩)	m³	927.4	826.7	762.0	718.9	1. 场地清理、挖基 2. 钢筋制作安装 3. 现浇或预制安装混凝土锚固板 4. 养生
NYH021600090004	注浆	m³	1354.5	1207.5	1113.0	1050.0	1. 拆除破损部分 2. 注浆 3. 养生
NYH02160010	修复或完善护面墙						
NYH021600100001	浆砌片(块)石护面墙	m³	448.9	400.2	368.9	348.0	1. 拆除破损部分 2. 整修边坡 3. 基坑开挖、回填并夯实 4. 砌筑、勾缝 5. 铺设垫层、滤水层及制作安装沉降缝、伸缩缝、泄水孔
NYH021600100002	混凝土护面墙	m³	1056.0	941.4	867.7	818.6	
NYH021600100003	钢筋混凝土护面墙	m³	1646.0	1467.4	1352.6	1276.0	1. 拆除破损部分 2. 整修边坡 3. 基坑开挖、回填并夯实 4. 钢筋制作、安装 5. 模注混凝土铺设垫层、滤水层及制作安装沉降缝、伸缩缝、泄水孔

续表 B.2-3

项目编号	项目名称	计量单位	综合单价指标(元)				工程内容
			一类地区	二类地区	三类地区	四类地区	
NYH021600100004	条(料)石镶面	m²	2047.1	1824.9	1682.1	1586.9	1. 拆除破损部分 2. 砌筑、勾缝 3. 制作安装沉降缝、伸缩缝、泄水孔
NYH02160011	修复或完善挡土墙						
NYH021600110001	干砌片(块)石挡土墙	m³	286.4	255.3	235.3	222.0	1. 拆除破损部分 2. 围堰抽排水 3. 挖基、基底清理、垫层铺设 4. 砌筑 5. 铺设滤水层及制作安装沉降缝、伸缩缝、泄水孔 6. 基坑及墙背回填
NYH021600110002	浆砌片(块)石挡土墙	m³	534.2	476.2	438.9	414.1	1. 拆除破损部分 2. 围堰抽排水 3. 挖基、基底清理、垫层铺设 4. 砌筑、勾缝 5. 铺设滤水层及制作安装沉降缝、伸缩缝、泄水孔基坑及墙背回填
NYH021600110003	片石混凝土挡土墙	m³	811.0	723.0	666.4	628.7	1. 拆除破损部分 2. 围堰抽排水 3. 挖基、基底清理、垫层铺设 4. 钢筋制作安装及混凝土浇筑、养生 5. 铺设滤水层及制作安装沉降缝、伸缩缝、泄水孔基坑及墙背回填
NYH021600110004	混凝土挡土墙	m³	957.3	853.4	786.6	742.1	
NYH021600110005	钢筋混凝土挡土墙	m³	1097.0	978.0	901.4	850.4	
NYH021600110006	条(料)石镶面	m²	2078.7	1853.1	1708.1	1611.4	1. 拆除破损部分 2. 砌筑、勾缝 3. 制作安装沉降缝、伸缩缝、泄水孔

续表 B.2-3

项目编号	项目名称	计量单位	综合单价指标(元)				工程内容
			一类地区	二类地区	三类地区	四类地区	
NYH021600110007	挡墙混凝土承台（基础）	m³	863.7	769.9	709.7	669.5	1. 拆除破损部分 2. 模板制作、安装、拆除 3. 钢筋制作安装 4. 混凝土浇筑、养生 5. 基础回填
NYH021600110008	挡墙灌注桩基础	m³	1891.5	1686.2	1554.3	1466.3	1. 拆除破损部分 2. 搭设施工平台或围堰筑岛 3. 制作、埋设护筒 4. 护壁、成孔、清孔 5. 钢筋制作安装(含必要的检测管) 6. 混凝土灌注 7. 桩头处理
NYH021600110009	锚固挡土墙	m	193.5	172.5	159.0	150.0	1. 钻孔、清孔及锚杆制作安装(含护套) 2. 张拉、注浆 3. 锚固、封端
NYH021600110010	套墙加固	m³	1041.8	928.7	856.1	807.6	1. 挖除部分墙后填土 2. 凿毛旧基础和旧墙身 3. 设置钢筋锚栓或石榫 4. 钢筋制作安装 5. 混凝土浇筑、养生或砌筑 6. 铺设滤水层及制作安装沉降缝、伸缩缝、泄水孔 7. 墙背回填
NYH021600110011	增建支撑墙加固	m³	393.5	350.8	323.3	305.0	1. 挖基、基底清理 2. 钢筋制作安装 3. 混凝土浇筑、养生或砌筑
NYH021600110012	喷涂水泥砂浆保护层	m²	18.1	16.1	14.8	14.0	1. 凿除风化表层 2. 喷涂水泥砂浆 3. 养生

续表 B.2-3

项目编号	项目名称	计量单位	综合单价指标(元)				工程内容
			一类地区	二类地区	三类地区	四类地区	
NYH02160012	修复或完善锚杆挡土墙						
NYH021600120001	混凝土立柱	m³	1540.5	1373.3	1265.9	1194.2	1. 拆除破损部分 2. 挖基、基底清理 3. 模板制作安装 4. 现浇混凝土或预制、安装构件 5. 基坑及墙背回填
NYH021600120002	混凝土挡板		1540.5	1373.3	1265.9	1194.2	
NYH021600120003	钢筋	kg	7.1	6.3	5.8	5.5	1. 拆除破损部分 2. 钢筋制作安装
NYH021600120004	锚杆	m	52.1	46.5	42.8	40.4	1. 拆除破损部分 2. 锚孔钻孔、清孔、锚杆制作安装、锚孔灌浆、抗拔力试验
NYH02160013	修复或完善加筋土挡土墙						
NYH021600130001	浆砌片块石基础	m³	439.0	391.3	360.7	340.3	1. 拆除破损部分 2. 围堰抽排水 3. 挖基、基底处理及回填 4. 浇筑或砌筑基础 5. 沉降缝设置
NYH021600130002	混凝土基础		877.8	782.6	721.3	680.5	
NYH021600130003	混凝土帽石		1540.5	1373.3	1265.9	1194.2	1. 拆除破损部分 2. 混凝土浇筑
NYH021600130004	混凝土墙面板	m³	1060.6	945.5	871.5	822.2	1. 拆除破损部分 2. 预制安装墙面板 3. 沉降缝填塞、铺设滤水层、制作安装泄水孔 4. 墙面封顶
NYH02160014	修复或完善河道防护						
NYH021600140001	浆砌片(块)石河床铺砌	m³	448.9	400.2	368.9	348.0	1. 拆除破损部分 2. 围堰抽排水 3. 挖基、基底清理、垫层铺设 4. 砌筑、勾缝 5. 基坑回填、夯实
NYH021600140002	浆砌片石顺坝		448.9	400.2	368.9	348.0	
NYH021600140003	浆砌片石丁坝		452.1	403.1	371.5	350.5	
NYH021600140004	浆砌片石调水坝		452.1	403.1	371.5	350.5	

续表 B.2-3

项目编号	项目名称	计量单位	综合单价指标（元）				工 程 内 容
			一类地区	二类地区	三类地区	四类地区	
NYH021600140005	浆砌片石导流堤	m³	452.1	403.1	371.5	350.5	
NYH021600140006	浆砌片石锥（护）坡		452.1	403.1	371.5	350.5	
NYH021600140007	干砌片（块）石		230.9	205.9	189.7	179.0	
NYH021600140008	混凝土护岸	m³	988.1	880.9	812.0	766.0	1. 拆除破损部分 2. 围堰抽排水 3. 挖基、铺设、垫层 4. 钢筋制作安装及混凝土浇注、养生 5. 基坑回填、夯实
NYH021600140009	钢筋混凝土护岸		1626.7	1450.2	1336.7	1261.0	
NYH02160015	修复或完善混凝土封顶	m³	1225.9	1092.8	1007.3	950.3	1. 拆除破损部分 2. 混凝土浇筑、养生
NYH02160016	抛石处理						
NYH021600160001	抛片（块）石	m³	248.8	221.8	204.5	192.9	1. 运石 2. 抛石 3. 灌浆
NYH021600160002	石笼抛石		279.2	248.9	229.4	216.4	
NYH02170	修复或完善路肩						
NYH021700001	土路肩	m³	32.3	28.8	26.5	25.0	1. 挖除、修复 2. 回填土 3. 清理现场
NYH021700002	硬路肩	m³	794.4	708.2	652.7	615.8	1. 挖除、修复

4 第300章 路面工程

4.1 一般规定

4.1.1 本章为路面工程，主要包括挖除、铣刨、破碎修复旧路面，病害处治，修复或加铺各种垫层、底基层、基层和面层，修复或完善土工合成材料，修复或完善路面及路缘石等有关作业。

4.1.2 水泥混凝土路面维修包括破板修复、水泥混凝土路面板底灌浆、更换填缝料、裂缝维修、错台处治、机械刻槽、露骨处治、修复剥落的边角等。水泥混凝土路面维修中的模板制作安装,缩缝、胀缝的制作及填灌缝(除更换填缝料),传力杆、拉杆、补强钢筋及其支架钢筋,以及养护用的养护剂、覆盖的麻袋、养护器材等,均包括在相应的工程细目中,不另行计量。

4.1.3 沥青混凝土路面维修包括纵横向裂缝、块状裂缝、龟裂、沉陷、坑槽、车辙、翻浆、波浪、搓板、拥包、泛油、麻面、松散、脱皮、啃边处理等。养护用的养护剂、覆盖的麻袋、养护器材等,均包括在相应的工程细目中,不另行计量。

4.1.4 病害处治包括了各种沥青路面裂缝类、松散类、变形类及其他类的病害处治。

4.1.5 修复水泥混凝土路面中的模板制作安装,缩缝、胀缝的制作及填灌缝(除单独更换填缝料外),传力杆、拉杆、补强钢筋及其支架钢筋,以及养护用的养护剂、覆盖的麻袋、养护器材等,均包括在浇筑相应的工程细目中,不另行计量。

4.1.6 沥青混凝土和水泥混凝土路面中的改性剂等各种外掺材料,均包含在相应的工程细目中,不另行计量。

4.1.7 沥青混合料、水泥混凝土和(底)基层混合料拌和场站、储料场的建设、拆除、恢复均包括在相应的工程细目中,不另行计量。

4.2 计价规则

4.2.1 工程量清单项目设置、工程量计算规则及计价内容,应按表 B.2-4 的规定执行。

4.3 综合单价

4.3.1 农村公路养护工程路面工程无历史价格的清单项目,可采用表 B.2-4 的综合单价费用计算。

4.3.2 表 B.2-4 中,一类、二类、三类、四类地区综合单价根据广东省各市、县(市、区)调查的数据,经统计分析所得。

表 B.2-4 第 300 章 路面工程清单及综合单价表

项目编号	项目名称	计量单位	综合单价指标(元)				工程内容
			一类地区	二类地区	三类地区	四类地区	
NYH03100	挖除、铣刨、破碎旧路面						
NYH03100001	水泥混凝土路面						
NYH031000010001	水泥路面多锤头碎石化	m²	7.0	6.4	6.0	5.6	多锤头破碎机对旧水泥路面进行彻底的破碎、稳定
NYH031000010002	水泥路面多镐头碎石化	m²	8.5	7.8	7.3	6.8	镐头对旧水泥路面进行彻底的破碎、稳定
NYH031000010003	水泥路面共振碎石化	m²	5.9	5.4	5.0	4.7	共振破碎机对旧水泥路面进行彻底的破碎、稳定
NYH031000010004	挖除	m³	187.3	170.8	160.3	149.8	1. 挖除、装卸、运输和定点堆放 2. 挖除后平整压实
NYH031000010005	破板修复						
NYH0310000100050001	水泥混凝土	m³	1000.0	912.0	856.0	800.0	1. 挖、凿破损混凝土,周边凿毛、冲洗、配料、拌和、浇筑(加铺)、捣固(压实)、养生、填灌缝 2. 拉杆、传力杆、接缝、补强钢筋及其支架钢筋制作安装 3. 压(刻)纹(槽)
NYH0310000100050002	沥青混凝土加铺		1812.5	1653.0	1551.5	1450.0	
NYH031000010006	水泥混凝土路面板底灌(注)浆	m³	875.0	798.0	749.0	700.0	1. 灌(注)浆孔制作、恢复 2. 配料,拌和、运料、压浆
NYH031000010007	更换填缝料	m	15.1	13.8	12.9	12.1	1. 切缝,清除缝中杂物,配料,灌注,整平
NYH031000010008	裂缝灌缝	m	14.0	12.8	12.0	11.2	1. 切缝,清除缝中杂物,填、灌填缝料
NYH031000010009	错台处治	m	18.8	17.1	16.1	15.0	1. 磨平、清除缝内杂物、吹净灰尘、填入嵌缝料
NYH031000010010	机械刻槽	m²	12.5	11.4	10.7	10.0	1. 刻槽 2. 清理现场

续表 B.2-4

项目编号	项目名称	计量单位	综合单价指标(元)				工程内容
			一类地区	二类地区	三类地区	四类地区	
NYH031000010011	露骨处治	m²	52.1	47.5	44.6	41.7	处治
NYH031000010012	修复剥落边角	m	19.3	17.6	16.5	15.4	1. 清理干净剥落的板边、用沥青混凝土料或接缝材料修补平整 2. 修复
NYH03100002	沥青混凝土路面						
NYH031000020001	铣刨	m³	173.1	157.9	148.2	138.5	1. 铣刨、装卸、运输和定点堆放 2. 铣刨后清理现场
NYH031000020002	挖除		71.8	65.4	61.4	57.4	1. 挖除、装卸、运输和定点堆放 2. 挖除后平整压实
NYH031000020003	纵横向裂缝维修	m	15.6	14.3	13.4	12.5	1. 清扫裂缝 2. 熬油,运输,喷灯加温,灌缝,撒砂填充,摊平 3. 清理现场
NYH031000020004	块状裂缝、龟裂维修	m²	73.4	66.9	62.8	58.7	1. 清扫裂缝 2. 熬油,运输,喷灯加温,灌缝,撒砂填充,摊平 3. 清理现场
NYH03100003	挖除块石路面	m³	50.8	46.3	43.4	40.6	1. 不同路面结构层厚度的挖除、装卸、运输和定点堆放 2. 挖除后平整压实
NYH03100004	挖除泥结碎(砾)石路面		50.8	46.3	43.4	40.6	
NYH03100005	挖除基层		31.3	28.5	26.8	25.0	
NYH03100006	挖除底基层		31.3	28.5	26.8	25.0	
NYH03100007	挖除旧路肩						
NYH031000070001	土路肩	m³	15.8	14.4	13.5	12.6	1. 不同路面结构层厚度的挖除、装卸、运输和定点堆放 2. 挖除后平整压实
NYH031000070002	水泥混凝土硬路肩		1000.0	912.0	856.0	800.0	
NYH031000070003	沥青混凝土硬路肩		1812.5	1653.0	1551.5	1450.0	
NYH03100008	拆除路缘石、侧(平)石	m	18.1	16.5	15.5	14.5	1. 拆除,清理

续表 B.2-4

项目编号	项目名称	计量单位	综合单价指标(元)				工程内容
			一类地区	二类地区	三类地区	四类地区	
NYH03110	裂缝类病害处治						
NYH03110001	龟裂处治	m²	52.1	47.5	44.6	41.7	1. 铺设土工合成材料 2. 封层(乳化沥青稀浆封层或沥青混合料封层)、改生沥青薄层罩面或单层沥青表处
NYH03110002	不规则裂缝处治	m²	25.8	23.5	22.0	20.6	1. 清扫路面 2. 喷洒少量沥青(或乳化沥青) 3. 匀撒石屑(或粗砂) 4. 碾压 5. 初期养护
NYH03110003	缝宽在 5mm 以上的纵横向裂缝处治	m²	31.6	28.8	27.1	25.3	1. 除去已松动的裂缝边缘 2. 沥青混合料(或乳化沥青)拌和、运输、填缝、捣实 3. 初期养护
NYH03120	松散类病害处治						
NYH03120001	坑槽修补						
NYH031200010001	厚40mm	m²	77.0	70.2	65.9	61.6	1. 划线、开槽、清底、熬油、运输、刷油、配料、拌和、摊铺、碾压
NYH031200010002	每增加或减少10mm	m²	14.3	13.0	12.2	11.4	
NYH03120002	松散处治	m²	56.3	51.3	48.2	45.0	1. 收集松动的矿料,喷洒沥青、石屑或粗砂,稀浆封层处治;或挖除松散部分,重作面层
NYH03120003	麻面处治	m²	29.5	26.9	25.3	23.6	1. 清扫、喷洒稠度较高的沥青、撒嵌缝料 2. 清理现场
NYH03120004	脱皮处治	m²	44.3	40.4	37.9	35.4	1. 清除已脱落和已松动部分 2. 重做上封层;涂刷黏结沥青、重做沥青层;喷洒透层沥青、重做面层

续表 B.2-4

项目编号	项目名称	计量单位	综合单价指标(元)				工程内容
			一类地区	二类地区	三类地区	四类地区	
NYH03120005	啃边处治	m²	44.3	40.4	37.9	35.4	1. 挖除破损部分 2. 涂沥青、配料、拌和、运输、摊铺、碾压
NYH03130	变形类病害处治						
NYH03130001	沉陷处治	m²	74.3	67.7	63.6	59.4	1. 划线，开槽，清底，熬油，运输，刷油，配料，拌和，摊铺，碾压
NYH03130002	车辙处治	m²	45.0	41.0	38.5	36.0	1. 切削或刨除面层、清除夹层 2. 喷洒或涂沥青、配料、拌和、运输、摊铺、碾压
NYH03130003	波浪处治	m²	39.4	35.9	33.7	31.5	1. 铣刨削平凸出部分、喷洒沥青、撒矿料、扫匀、找平、压实；或全部挖除面层、喷洒或涂沥青、配料、拌和、运输、摊铺、碾压
NYH03130004	搓板处治	m²	39.4	35.9	33.7	31.5	1. 铣刨削平凸出部分、喷洒沥青、撒矿料、扫匀、找平、压实；或全部挖除面层、喷洒或涂沥青、配料、拌和、运输、摊铺、碾压
NYH03130005	拥包处治	m²	39.4	35.9	33.7	31.5	1. 挖除 2. 清扫、撒油、运输、配料、拌和、运输、摊铺、碾压
NYH03140	其他类病害处治						
NYH03140001	泛油处治	m²	9.6	8.8	8.2	7.7	1. 撒碎石、石屑或粗砂、碾压；或挖除、清扫、撒油、运输、配料、拌和、运输、摊铺、碾压
NYH03140002	磨光处治	m²	9.6	8.8	8.2	7.7	1. 铣刨或加铺抗滑层(或罩面)
NYH03140003	翻浆处治	m²	74.1	67.6	63.5	59.3	1. 挖除 2. 清扫、整理下承层，配料、拌和、铺筑、夯实、养生

续表 B.2-4

项目编号	项目名称	计量单位	综合单价指标(元)				工程内容
			一类地区	二类地区	三类地区	四类地区	
NYH03140004	冻胀处治	m²	280.9	256.2	240.4	224.7	1. 挖除 2. 清扫、整理下承层、配料、拌和、铺筑、夯实、养生
NYH03140005	结构物接顺及其他路面维修						
NYH031400050001	砂石路面维修	m²	13.1	12.0	11.2	10.5	1. 清扫、整平路面、洒水、拉毛 2. 配料、拌和、铺筑、养生 3. 清理现场
NYH031400050002	块石路面维修	m²	63.9	58.3	54.7	51.1	1. 拆除破损部分,清理 2. 铺筑、整型、养护 3. 清理现场
NYH031400050003	稳定基层维修	m³	313.8	286.1	268.6	251.0	1. 挖除、清理 2. 拌和、铺筑、碾压、养护 3. 清理现场
NYH031400050004	结构物接顺处理	m²	304.0	277.2	260.2	243.2	1. 铣刨,清扫,洒油,配料,拌和,摊铺,碾压,养护,清理现场
NYH03140006	缘石、侧石、平石维修						
NYH031400060001	刷白	m	19.8	18.0	16.9	15.8	1. 清理 2. 配料,刷涂料
NYH031400060002	维修与更换	m	62.6	57.1	53.6	50.1	1. 拆除,清理 2. 预制,运输,安装
NYH03150	修复或加铺调平层(垫层)						
NYH03150001	碎石调平层	m³	287.4	262.1	246.0	229.9	1. 挖除破损部分 2. 清理下承面、洒水湿润 3. 配运料 4. 摊铺、整型 5. 碾压 6. 养护
NYH03150002	砂砾调平层		162.4	148.1	139.0	129.9	

续表 B.2-4

项目编号	项目名称	计量单位	综合单价指标(元)				工程内容
			一类地区	二类地区	三类地区	四类地区	
NYH03160	修复或加铺底基层(垫层)						
NYH03160001	级配碎(砾)石底基层						
NYH031600010001	厚200mm	m²	49.3	44.9	42.2	39.4	1. 挖除破损部分 2. 清理下承面、洒水湿润 3. 拌和、运输 4. 摊铺、整型 5. 压实 6. 养护
NYH031600010002	每增加或减少10mm		3.1	2.9	2.7	2.5	
NYH03160002	水泥稳定碎石底基层						
NYH031600020001	厚200mm	m²	74.6	68.1	63.9	59.7	1. 挖除破损部分 2. 清理下承面、洒水湿润 3. 拌和、运输 4. 摊铺、整型 5. 压实 6. 养护
NYH031600020002	每增加或减少10mm		3.8	3.4	3.2	3.0	
NYH03170	修复或加铺基层						
NYH03170001	水泥稳定碎(砾)石基层						
NYH031700010001	厚200mm	m²	75.0	68.4	64.2	60.0	1. 挖除破损部分 2. 清理下承面、洒水湿润 3. 拌和、运输 4. 摊铺、整型 5. 压实 6. 养护
NYH031700010002	每增加或减少10mm		3.8	3.4	3.2	3.0	
NYH03170002	石灰粉煤灰碎(砾)石基层						
NYH031700020001	厚200mm	m²	43.8	39.9	37.5	35.0	1. 挖除破损部分 2. 清理下承面、洒水湿润 3. 拌和、运输 4. 摊铺、整型 5. 压实 6. 养护
NYH031700020002	每增加或减少10mm		2.1	1.9	1.8	1.7	

续表 B.2-4

项目编号	项目名称	计量单位	综合单价指标(元)				工程内容
			一类地区	二类地区	三类地区	四类地区	
NYH03170003	贫混凝土						
NYH031700030001	厚200mm	m²	125.4	114.3	107.3	100.3	1. 挖除破损部分 2. 清理下承面、湿润 3. 模板架设和拆除 4. 拌和、运输 5. 摊铺、振捣、抹平 6. 养生等
NYH031700030002	每增加或减少10mm		6.3	5.7	5.4	5.0	
NYH03170004	水稳基层非开挖注浆加固	m³	250.0	228.0	214.0	200.0	1. 配制聚合物灌浆材料 2. 高压注入到基层空隙中 3. 养生等
NYH03170005	沥青就地冷再生						
NYH031700050001	厚100mm	m²	129.4	118.0	110.7	103.5	1. 铣刨旧沥青路面 2. 喷入泡沫沥青进行拌和 3. 整平、碾压 4. 养生等
NYH031700050002	每增加或减少10mm		5.5	5.0	4.7	4.4	
NYH03170006	沥青厂拌冷再生						
NYH031700060001	厚100mm	m²	129.9	118.4	111.2	103.9	1. 铣刨旧沥青路面 2. 在固定的专门再生拌和设备上对铣刨材料添加稳定剂,拌和形成成品再生混合料 3. 运输、摊铺、碾压 4. 养生等
NYH031700060002	每增加或减少10mm		5.5	5.0	4.7	4.4	
NYH03180	修复或加铺透层、黏层和封层						
NYH03180001	透层	m²	32.6	29.8	27.9	26.1	1. 挖除破损部分 2. 清理下承面 3. 沥青加热、洒油、撒布石屑或粗砂 4. 养护
NYH03180002	黏层		2.6	2.4	2.2	2.1	
NYH03180003	封层						

续表 B.2-4

项目编号	项目名称	计量单位	综合单价指标(元)				工程内容
			一类地区	二类地区	三类地区	四类地区	
NYH031800030001	表处封层	m²	10.0	9.1	8.6	8.0	1. 挖除破损部分 2. 清理下承面 3. 沥青加热、洒油、撒布矿料 4. 压实、养护
NYH031800030002	稀浆封层		18.8	17.1	16.1	15.0	1. 挖除破损部分 2. 清理下承面 3. 拌和 4. 摊铺、压实 5. 养护
NYH03180004	微表处	m²	11.6	10.6	10.0	9.3	1. 挖除破损部分 2. 清理下承面 3. 拌和、运输、摊铺、压实 4. 养护
NYH03190	**修复或加铺沥青路面**						
NYH03190001	细粒式沥青混凝土						
NYH031900010001	厚40mm	m²	58.4	53.2	50.0	46.7	1. 挖除破损部分 2. 清理下承面 3. 拌和、运输 4. 摊铺、整型 5. 压实 6. 初期养护
NYH031900010002	每增加或减少10mm		14.6	13.3	12.5	11.7	
NYH03190002	中粒式沥青混凝土						
NYH031900020001	厚50mm	m²	70.9	64.6	60.7	56.7	1. 挖除破损部分 2. 清理下承面 3. 拌和、运输 4. 摊铺、整型 5. 压实 6. 初期养护
NYH031900020002	每增加或减少10mm		13.9	12.7	11.9	11.1	
NYH03190003	粗粒式沥青混凝土						

续表 B.2-4

项目编号	项目名称	计量单位	综合单价指标(元)				工程内容
			一类地区	二类地区	三类地区	四类地区	
NYH031900030001	厚60mm	m²	77.1	70.3	66.0	61.7	1. 挖除破损部分 2. 清理下承面 3. 拌和、运输 4. 摊铺、整型 5. 压实 6. 初期养护
NYH031900030002	每增加或减少10mm		12.9	11.7	11.0	10.3	
NYH03190004	沥青碎石路面						
NYH031900040001	厚60mm	m²	67.8	61.8	58.0	54.2	1. 挖除破损部分 2. 清理下承面 3. 拌和、运输 4. 摊铺、整型 5. 压实 6. 初期养护
NYH031900040002	每增加或减少10mm		±13.5	±12.3	±11.6	±10.8	
NYH03190005	桥头加铺						
NYH031900050001	细粒式沥青混凝土	m²	1464.8	1335.9	1253.8	1171.8	1. 清理下承面 2. 拌和、运输 3. 摊铺、整型 4. 压实 5. 初期养护
NYH031900050002	中粒式沥青混凝土		1409.6	1285.6	1206.6	1127.7	
NYH03200	修复或加铺沥青表面处治及其他面层						
NYH03200001	沥青表面处治	m²	37.5	34.2	32.1	30.0	1. 挖除破损部分 2. 清理下承面 3. 沥青拌和(或加热)、运输 4. 摊铺(或铺料、洒油)、整型 5. 压实 6. 初期养护
NYH03200002	沥青贯入式路面	m²	51.6	47.1	44.2	41.3	1. 挖除破损部分 2. 清理下承面 3. 沥青加热、运输 4. 铺料、洒油、整型 5. 压实 6. 初期养护

续表 B.2-4

项目编号	项目名称	计量单位	综合单价指标(元)				工程内容
			一类地区	二类地区	三类地区	四类地区	
NYH03200003	泥结碎(砾)石路面	m²	39.5	36.0	33.8	31.6	1. 挖除破损部分 2. 清理下承面 3. 铺料、整型 4. 调浆、灌浆、撒嵌缝料、洒水 5. 压实 6. 铺保护层
NYH03200004	级配碎(砾)石路面	m²	33.5	30.6	28.7	26.8	1. 挖除破损部分 2. 清理下承面 3. 铺料、整型 4. 调浆、灌浆、撒嵌缝料、洒水 5. 压实 6. 铺保护层
NYH03200005	块石路面	m²	49.9	45.5	42.7	39.9	1. 挖除破损部分 2. 清理下承面 3. 铺筑、整型 4. 初期养护
NYH03210	修复或加铺改性沥青混凝土路面						
NYH03210001	细粒式改性沥青混凝土						1. 挖除破损部分 2. 清理下承面 3. 拌和(含各种外掺材料添加)、运输 4. 摊铺、整型 5. 压实 6. 初期养护
NYH032100010001	厚40mm	m²	78.3	71.4	67.0	62.6	
NYH032100010002	每增加或减少10mm		22.5	20.5	19.3	18.0	
NYH03210002	中粒式改性沥青混凝土						

续表 B.2-4

项目编号	项目名称	计量单位	综合单价指标(元)				工程内容
			一类地区	二类地区	三类地区	四类地区	
NYH032100020001	厚40mm	m²	69.0	62.9	59.1	55.2	1. 挖除破损部分 2. 清理下承面 3. 拌和(含各种外掺材料添加)、运输 4. 摊铺、整型 5. 压实 6. 初期养护
NYH032100020002	每增加或减少10mm		16.1	14.7	13.8	12.9	
NYH03210003	SMA面层						
NYH032100030001	厚40mm	m²	87.5	79.8	74.9	70.0	1. 挖除破损部分 2. 清理下承面 3. 拌和(含各种外掺材料添加)、运输 4. 摊铺、整型 5. 压实 6. 初期养护
NYH032100030002	每增加或减少10mm		21.9	20.0	18.7	17.5	
NYH03220	修复或加铺透水性沥青混凝土路面						
NYH03220001	细粒式透水性沥青混凝土						
NYH032200010001	厚40mm	m²	51.5	47.0	44.1	41.2	1. 挖除破损部分 2. 清理下承面 3. 拌和(含各种外掺材料添加)、运输 4. 摊铺、整型 5. 压实 6. 初期养护
NYH032200010002	每增加或减少10mm		12.9	11.7	11.0	10.3	
NYH03220002	中粒式透水性沥青混凝土						
NYH032200020001	厚50mm	m²	63.0	57.5	53.9	50.4	1. 挖除破损部分 2. 清理下承面 3. 拌和(含各种外掺材料添加)、运输 4. 摊铺、整型 5. 压实 6. 初期养护
NYH032200020002	每增加或减少10mm		13.4	12.2	11.4	10.7	

续表 B.2-4

项目编号	项目名称	计量单位	综合单价指标(元)				工程内容
			一类地区	二类地区	三类地区	四类地区	
NYH03230	沥青混凝土再生路面						
NYH03230001	冷再生						
NYH032300010001	厚20mm	m²	183.6	167.5	157.2	146.9	1. 翻挖路面 2. 清理下承面 3. 拌和(含再生剂添加)、运输 4. 摊铺、整型、压实 5. 初期养护
NYH032300010002	每增加或减少10mm		5.4	4.9	4.6	4.3	
NYH03230002	热再生						
NYH032300020001	厚40mm	m²	37.5	34.2	32.1	30.0	1. 铣刨(翻挖)病害路面 2. 清理下承面 3. 掺加沥青黏合剂混合、添加部分新集料、再生料重新铺在原来路面上、碾压成型 4. 初期养护
NYH032300020002	每增加或减少10mm		9.6	8.8	8.2	7.7	
NYH03230003	封边	m	19.3	17.6	16.5	15.4	1. 封边 2. 清理现场
NYH03240	修复水泥混凝土路面						
NYH03240001	破板修复	m³	1000.0	912.0	856.0	800.0	1. 破碎、清除旧混凝土 2. 清理下承面、湿润 3. 模板架设和拆除 4. 拌和、运输 5. 摊铺、振捣、抹平或碾压 6. 拉杆、传力杆及接缝制作安装 7. 补强及支架钢筋制作安装 8. 压(刻)纹(槽) 9. 切缝、填灌缝 10. 养生

续表 B.2-4

项目编号	项目名称	计量单位	综合单价指标(元)				工程内容
			一类地区	二类地区	三类地区	四类地区	
NYH03240002	板底灌浆	m^3	31.3	28.5	26.8	25.0	1. 布设灌浆孔 2. 清除干净孔中的混凝土碎屑、杂物,并保持干燥 3. 灌浆、堵孔 4. 养生
NYH03240003	接缝材料更换	m	50.0	45.6	42.8	40.0	1. 清除旧填缝料和杂物,吹净缝内灰尘 2. 加热填缝料或按材料配比配制填缝料 3. 灌填缝料 4. 养生
NYH03240004	裂缝维修	m^2	61.5	56.1	52.6	49.2	1. 切缝、凿除及清除缝中混凝土,打耙钉、填砂浆、周边凿毛、浇筑混凝土、修补块面板两侧、加深缩缝、灌注填缝料 2. 划线、锯缝、破碎和清除旧混凝土、整平基层、配料、拌和、浇筑、捣固、接缝、养生 3. 修复、安设传力杆和拉杆、灌环氧砂浆 4. 在相邻板块横边的下方暗挖一块面积
NYH03240005	错台处治	m^2	83.3	75.9	71.3	66.6	1. 磨平、清除缝内杂物、吹净灰尘、填入嵌缝料
NYH03240006	刻纹	m^2	20.8	18.9	17.8	16.6	1. 路面清扫 2. 刻纹 3. 冲洗

续表 B.2-4

项目编号	项目名称	计量单位	综合单价指标(元)				工程内容
			一类地区	二类地区	三类地区	四类地区	
NYH03250	修复或完善土工合成材料处理						
NYH03250001	土工布	m²	20.3	18.5	17.3	16.2	1. 下层整平 2. 铺设土工材料 3. 搭接及锚固或粘贴土工材料
NYH03250002	土工格栅	m²	30.5	27.8	26.1	24.4	
NYH03250003	玻纤格栅		22.0	20.1	18.8	17.6	
NYH03260	修复或完善路缘石	m	33.8	30.8	27.0	27.0	1. 拆除破损部分 2. 清理下承面、垫层铺设 3. 构件预制、运输 4. 砌筑、勾缝

5 第400章 桥梁、涵洞工程

5.1 一般规定

5.1.1 本章为桥梁、涵洞工程,主要有桥面系修复、桥梁加固、桥梁支座的维修与更换、墩台基础加固、墩台加固、锥坡、翼墙维修加固及其他设施修复、涵洞的维修等内容。

5.1.2 本章所列工程项目涉及的养护、场地清理、废方弃运堆放、吊装设备、拱盔、挂篮、支架、工作平台、脚手架的搭设及拆除、模板的安装及拆除,均包括在相应工程项目内,不另行计量。

5.1.3 混凝土拌和场站、构件预制场、储料场的建设、拆除、恢复,安装架设设备摊销、预应力张拉台座的设置及拆除均包括在相应工程项目中,不另行计量。

5.1.4 桥面系修复包括了梁板更换、桥面铺装、排水设施、人行道、栏杆、护栏、防撞墙、桥上照明设施修理、伸缩装置更换、桥头搭板、枕梁等桥面系养护工程。

5.1.5 桥梁加固包括了钢筋(预应力)混凝土土梁桥、拱桥、钢桥、钢-混凝土组合梁桥、斜拉桥、悬索桥(吊桥)等桥梁上部结构加固,以及桥梁抗震加固。其中,钢-混凝土组合梁桥的钢结构部分加固,已列入参照钢桥的加固中,未单独列出。

5.1.6 墩台修复包括了墩台基础、墩台、锥坡、翼墙的修复和加固。

5.1.7 涵洞的维修包括了地基处理、涵洞井、出水口处、基础处理、侧墙和翼墙、涵洞的接长、涵洞的加固、涵洞的重建等维修加固工程内容。

5.2 计价规则

5.2.1 工程量清单项目设置、工程量计算规则及计价内容,应按表 B.2-5 的规定执行。

5.3 综合单价

5.3.1 农村公路养护工程桥梁、涵洞工程无历史价格的清单项目,可采用表 B.2-5 的综合单价费用计算。

5.3.2 表 B.2-5 中,一类、二类、三类、四类地区综合单价根据广东省各市、县(市、区)调查的数据,经统计分析所得。

表 B.2-5　第 400 章　桥梁、涵洞工程清单及综合单价表

项目编号	项目名称	计量单位	综合单价指标(元)				工程内容
			一类地区	二类地区	三类地区	四类地区	
NYH04100	桥面系修复						
NYH04100001	桥面铺装修复						
NYH041000010001	凿除	m³	305.6	278.7	261.6	244.5	1. 凿除前原有交通、排水等相关内容的妥善处理 2. 凿除、装卸、运输和定点堆放
NYH041000010002	重新铺装	m²	112.5	102.6	96.3	90.0	1. 清理下承面、湿润 2. 修复防水层 3. 模板架设和拆除 4. 拌和、运输 5. 摊铺、振捣、抹平或碾压 6. 拉杆、传力杆及接缝制作安装 7. 压(刻)纹(槽) 8. 养生

续表 B.2-5

项目编号	项目名称	计量单位	综合单价指标(元)				工程内容
			一类地区	二类地区	三类地区	四类地区	
NYH041000010003	重铺或增设防水层	m²	18.8	17.1	16.1	15.0	1. 桥面清洗 2. 防水黏结层喷涂 3. 防水层铺设
NYH041000010004	水泥混凝土桥面	m²	112.5	102.6	96.3	90.0	1. 挖、凿破损混凝土,周边凿毛、冲洗、配料、拌和、填筑、捣固、养生 2. 拉杆、传力杆、接缝、补强钢筋及其支架钢筋制作安装 3. 压(刻)纹(槽)
NYH041000010005	沥青混凝土桥面	m²	165.6	151.1	141.8	132.5	1. 清除脱落和破损部分或铣刨、废料处运、清扫 2. 配料、拌和、运输、摊铺、碾压、养生 3. 清理现场
NYH041000010006	防水层	m²	18.8	17.1	16.1	15.0	1. 清除 2. 桥面清洗 3. 防水黏结层喷涂 4. 防水层重新铺设
NYH04100002	排水设施修复或完善						
NYH041000020001	泄水管	套	71.5	65.2	61.2	57.2	1. 疏通,拆除破损部分 2. 清理干净 3. 局部更换
NYH041000020002	排水槽	m	40.8	37.2	34.9	32.6	1. 疏通,拆除破损部分 2. 清理干净 3. 局部更换
NYH04100003	人行道、栏杆、护栏、防撞墙修复						
NYH041000030001	人行道	m	77.0	70.2	65.9	61.6	1. 凿除护栏、废弃 2. 拆除栏杆 3. 拌和、运输 4. 混凝土浇筑 5. 钢筋、栏杆制作
NYH041000030002	栏杆	m	125.3	114.2	107.2	100.2	
NYH041000030003	护栏	m	226.4	201.8	186.0	175.5	
NYH041000030004	防撞墙	m	80.3	73.2	68.7	64.2	

续表 B.2-5

项目编号	项目名称	计量单位	综合单价指标（元）				工程内容
			一类地区	二类地区	三类地区	四类地区	
NYH04100004	桥上照明设施修理	座	62.5	57.0	53.5	50.0	1. 拆除、废弃 2. 重新安装
NYH04100005	伸缩装置更换（按伸缩结构类型和伸缩量）	m	1096.8	1000.2	938.8	877.4	1. 凿除、清除、废弃 2. 制作安装伸缩缝及橡胶止水片、沥青类等接缝材料 3. 伸缩槽口混凝土浇筑（含钢筋）
NYH04100006	桥头搭板、枕梁修复						
NYH041000060001	搭板	m³	959.3	874.8	821.1	767.4	1. 凿除、清除、废弃 2. 铺设垫层 3. 现场浇注或预制安装构件
NYH041000060002	枕梁		1023.0	933.0	875.7	818.4	
NYH04110	钢筋（预应力）混凝土梁桥加固						
NYH04110001	钢筋混凝土加大截面						
NYH041100010001	钢筋	kg	6.9	6.3	5.9	5.5	1. 制作、安装
NYH041100010002	混凝土	m³	2232.3	2035.8	1910.8	1785.8	1. 围堰、排水、基坑处理 2. 混凝土浇筑、养生
NYH04110002	增加钢筋	kg	5.9	5.9	5.9	5.5	1. 制作、安装（植入） 2. 与混凝土固结
NYH04110003	粘贴钢板						
NYH041100030001	粘贴钢板（厚度6mm）	m²	1375.0	1254.0	1177.0	1100.0	1. 整平(被)贴面 2. 制作、粘贴钢板
NYH041100030002	粘贴钢板（增减1mm）	m²	75.0	68.4	64.2	60.0	
NYH04110004	粘贴碳纤维、特种玻璃纤维	m²	975.0	889.2	834.6	780.0	1. 制作、粘贴
NYH04110005	预应力加固						

续表 B.2-5

项目编号	项目名称	计量单位	综合单价指标（元）				工程内容
			一类地区	二类地区	三类地区	四类地区	
NYH041100050001	穿钢束进行张拉	kg	169.8	154.8	145.3	135.8	1. 制作安装预应力钢材 2. 安装锚具、锚板 3. 张拉、压浆、封锚
NYH041100050002	增加体外束进行张拉		169.8	154.8	145.3	135.8	
NYH041100050003	竖向预应力加固		169.8	154.8	145.3	135.8	
NYH041100050004	原钢束重新张拉	kg	169.8	154.8	145.3	135.8	1. 张拉 2. 重新压浆
NYH04110006	改变梁体截面形式	m³	1488.3	1357.3	1273.9	1190.6	1. 支架（含基础处理、预压）及模板制作、安装、拆除 2. 钢筋制作、安装 3. 混凝土浇筑、养生
NYH04110007	增加横隔板		1262.6	1151.5	1080.8	1010.1	
NYH04110008	简支变连续		1262.6	1151.5	1080.8	1010.1	
NYH0411009	更换主梁	m³	2063.1	1881.6	1766.0	1650.5	1. 拆除原主梁 2. 现浇主梁或预制、安装主梁 3. 钢筋制作安装 4. 养生
NYH04120	拱桥加固						
NYH04120001	主拱圈强度不足、拱腹面加固						
NYH041200010001	粘贴钢板	m	7.5	6.8	6.4	6.0	1. 整平（被）贴面 2. 制作、粘贴钢板
NYH041200010002	浇筑钢筋混凝土	m³	1894.0	1727.3	1621.3	1515.2	1. 支架（含基础处理、预压）及模板制作、安装、拆除 2. 钢筋制作、安装 3. 混凝土浇筑、养生
NYH041200010003	布设钢筋网喷射混凝土	m²	127.3	116.1	108.9	101.8	1. 支架（含基础处理、预压）及模板制作、安装、拆除 2. 喷射混凝土或砂浆、养生
NYH041200010004	布设钢筋网喷射水泥砂浆	m²	127.3	116.1	108.9	101.8	
NYH041200010005	拱肋间加底板	m³	1273.4	1161.3	1090.0	1018.7	1. 支架（含基础处理、预压）及模板制作、安装、拆除 2. 钢筋制作、安装 3. 混凝土浇筑、养生

续表 B.2-5

项目编号	项目名称	计量单位	综合单价指标(元)				工程内容
			一类地区	二类地区	三类地区	四类地区	
NYH041200010006	腹面用衬拱	m³	1273.4	1161.3	1090.0	1018.7	
NYH04120002	主拱圈强度不足、拱背面加固						
NYH041200020001	钢筋	kg	6.9	6.3	5.9	5.5	1. 制作、安装
NYH041200020002	混凝土	m³	1406.9	1283.1	1204.3	1125.5	1. 支架(含基础处理、预压)及模板制作、安装、拆除 2. 混凝土浇筑、养生
NYH04120003	拱肋、拱上立柱、纵横梁、桁架拱、刚架拱的杆件损坏加固						
NYH041200030001	粘贴钢板	m	11.3	10.3	9.6	9.0	1. 制作、粘贴
NYH041200030002	粘复合纤维片材	m²	975.0	889.2	834.6	780.0	1. 制作、粘贴
NYH04120004	桁架拱、刚架拱及拱上框架的节点加固						
NYH041200040001	粘贴钢板	m	11.3	10.3	9.6	9.0	1. 制作、粘贴
NYH041200040002	粘复合纤维片材	m²	975.0	889.2	834.6	780.0	1. 制作、粘贴
NYH04120005	拱圈的环向连接加固						
NYH041200050001	嵌入剪力键	m	127.3	116.1	108.9	101.8	1. 支架(含基础处理、预压)及模板制作、安装、拆除 2. 嵌入 3. 环氧砂浆拌和、灌入、养生
NYH04120006	拱肋之间的横向连接加强						
NYH041200060001	钢筋	kg	6.9	6.3	5.9	5.5	1. 制作、安装
NYH041200060002	混凝土	m³	1270.9	1159.0	1087.9	1016.7	1. 支架(含基础处理、预压)及模板制作、安装、拆除 2. 混凝土浇筑、养生

续表 B.2-5

项目编号	项目名称	计量单位	综合单价指标(元)				工程内容
			一类地区	二类地区	三类地区	四类地区	
NYH04120007	锈蚀、断丝或滑丝的吊杆更换	m	263.1	240.0	225.2	210.5	1. 支架(含基础处理、预压)制作、安装、拆除 2. 拆除、安装吊杆
NYH04120008	钢管混凝土拱肋拱脚区段或其他构件加固						
NYH041200080001	包裹钢筋混凝土	m³	1270.9	1159.0	1087.9	1016.7	1. 支架(含基础处理、预压)及模板制作、安装、拆除 2. 钢筋制作、安装 3. 混凝土浇筑、养生
NYH04120009	改变结构体系改善结构受力						
NYH041200090001	加设拉杆	m	255.9	233.4	219.0	204.7	1. 支架(含基础处理、预压)制作、安装、拆除 2. 制作、安装
NYH04120010	拱上建筑更换	m³	1270.9	1159.0	1087.9	1016.7	1. 原拱上建筑挖、装、运、卸 2. 新材料回填
NYH04120011	桥面加固						
NYH041200110001	更换桥面板	m³	1887.3	1721.2	1615.5	1509.8	1. 拆除原桥面板 2. 预制、安装桥面板
NYH041200110002	增加钢筋网	kg	6.9	6.3	5.9	5.5	制作、安装
NYH041200110003	加厚桥面铺装	m³	779.1	710.6	666.9	623.3	1. 清理原桥面、湿润 2. 模板架设和拆除 3. 拌和、运输 4. 摊铺、振捣、抹平或碾压 5. 拉杆、传力杆及接缝制作安装 6. 压(刻)纹(槽) 7. 切缝、填灌缝 8. 养生
NYH041200110004	换用钢纤维混凝土	m³	1563.3	1425.7	1338.1	1250.6	1. 凿除原桥面 2. 清理下承面、湿润 3. 模板架设和拆除 4. 拌和、运输 5. 摊铺、振捣、抹平或碾压 6. 拉杆、传力杆及接缝制作安装 7. 压(刻)纹(槽) 8. 切缝、填灌缝 9. 养生

续表 B.2-5

项目编号	项目名称	计量单位	综合单价指标(元)				工程内容
			一类地区	二类地区	三类地区	四类地区	
NYH04120012	墩、台变位引起拱圈开裂加固						
NYH041200120001	修补拱圈	m²	263.1	240.0	225.2	210.5	1. 修补拱圈裂缝
NYH04130	**钢桥加固**						
NYH04130001	杆件加固						
NYH041300010001	补贴钢板	m	10.1	9.2	8.7	8.1	1. 锉平钢板边缘 2. 制作、补贴 3. 装卸、运输、吊装
NYH041300010002	钢夹板夹紧并铆接加固	m	10.1	9.2	8.7	8.1	1. 锉平钢板边缘 2. 制作、夹紧、铆接 3. 装卸、运输、吊装
NYH041300010003	增设水平加劲肋、竖向加劲肋	m	10.1	9.2	8.7	8.1	1. 加工制作、吊装、安装 2. 装卸、运输、吊装
NYH041300010004	补加新钢板、角钢或槽钢	m	10.1	9.2	8.7	8.1	1. 制作、栓接、铆接或焊接 2. 装卸、运输、吊装
NYH041300010005	加设加劲杆件	m	10.1	9.2	8.7	8.1	1. 加工制作、吊装、安装 2. 装卸、运输、吊装
NYH041300010006	加设短角钢	m	10.1	9.2	8.7	8.1	1. 制作、栓接、铆接或焊接 2. 装卸、运输、吊装
NYH04130002	恢复和提高整桥承载力						
NYH041300020001	增设补充钢梁	m	12.8	11.6	10.9	10.2	1. 构件加工制作 2. 吊装、拼接件制作安装 3. 防护处理 4. 构件装卸、运输、吊装
NYH041300020002	增设加劲梁	m	12.8	11.6	10.9	10.2	
NYH041300020003	增设拱式桁架结构	m	14.6	13.3	12.5	11.7	
NYH041300020004	增设悬索结构	m	22.3	20.3	19.0	17.8	
NYH041300020005	增设竖杆及必要斜杆	m	13.0	11.9	11.1	10.4	
NYH041300020006	增设体外预应力	m	22.3	20.3	19.0	17.8	1. 制作安装管道、预应力钢材 2. 安装锚具、锚板 3. 张拉 4. 防锈
NYH04140	**钢-混凝土组合梁桥加固**						
NYH04140001	钢筋混凝土桥面板加固						

续表 B.2-5

项目编号	项目名称	计量单位	综合单价指标(元)				工程内容
			一类地区	二类地区	三类地区	四类地区	
NYH041400010001	高强度等级微膨胀混凝土填补	m³	1493.3	1361.8	1278.2	1194.6	1. 模板制作、安装、拆除 2. 混凝土浇筑、养生
NYH041400010002	重新浇筑混凝土桥面板	m³	1315.9	1200.1	1126.4	1052.7	1. 拆除旧桥面 2. 临时支架制作安装及拆除 3. 使钢梁产生反拱 4. 模板制作、安装、拆除 5. 钢筋或钢筋网制作安装 6. 混凝土浇筑、养生
NYH041400010003	更换预制板	m³	1493.3	1361.8	1278.2	1194.6	1. 拆除旧桥面桥 2. 支架、模板制作、安装、拆除 3. 钢筋制作安装、混凝土(含接缝混凝土)浇筑、养生 4. 临时预压应力施工、释放
NYH041400010004	增设剪力键	m	377.0	343.8	322.7	301.6	1. 支架(含基础处理、预压)及模板制作、安装、拆除 2. 增设 3. 环氧砂浆拌和、灌入、养生
NYH04150	桥梁支座的维修与更换						
NYH04150001	桥梁支座的维修	个	258.8	236.0	221.5	207.0	1. 维修 2. 清理现场
NYH04150002	桥梁支座更换	个	522.0	476.1	446.8	417.6	1. 更换 2. 清理现场
NYH04150003	桥梁支座增设	个	522.0	476.1	446.8	417.6	1. 安装(含附属工程及钢板等附件) 2. 清理现场
NYH04160	墩台基础加固						
NYH04160001	重力式基础加固						
NYH041600010001	增设连接钢筋	kg	6.9	6.3	5.9	5.5	1.旧基础表面刷洗干净、凿毛 2. 钢筋或钢销制作、安装
NYH041600010002	增设连接钢销	kg	7.5	6.8	6.4	6.0	
NYH041600010003	浇筑混凝土扩大原基础	m³	944.0	860.9	808.1	755.2	1. 围堰、排水、基坑处理 2. 模板制作、安装、拆除 3. 混凝土浇筑、养生
NYH041600010004	增设新的扩大基础	m³	944.0	860.9	808.1	755.2	1. 围堰、排水、基坑处理 2. 模板制作、安装、拆除 3. 混凝土浇筑(或砌筑)、养生

续表 B.2-5

项目编号	项目名称	计量单位	综合单价指标(元)				工程内容
			一类地区	二类地区	三类地区	四类地区	
NYH041600010005	加设钢筋混凝土实体耳墙	m³	1105.1	1007.9	946.0	884.1	1. 支架、模板、劲性骨架制作安装及拆除 2. 钢筋、钢材制作安装 3. 混凝土现场浇筑或预制安装 4. 养生
NYH04160002	桩基础加固						
NYH041600020001	扩大桩径	m³	1167.5	1064.8	999.4	934.0	1. 通风、排水 2. 设置支撑和护壁 3. 灌注混凝土
NYH041600020002	桩基灌(压)浆	m³	1265.0	1153.7	1082.8	1012.0	1. 通风、排水 2. 灌(压)浆养生
NYH041600020003	加桩	m³	1135.8	1035.8	972.2	908.6	1. 通风、排水 2. 设置支撑和护壁 3. 挖孔、清孔 4. 灌注混凝土 5. 桩头处理
NYH041600020004	扩大承台	m³	634.3	578.4	542.9	507.4	1. 套箱或模板制作、安装、拆除 2. 封底混凝土浇筑 3. 结构混凝土浇筑、养生
NYH04160003	人工地基加固						
NYH041600030001	地基注浆	m³	254.5	232.1	217.9	203.6	1. 各种浆液及加固剂注入或搅拌于土层中
NYH041600030002	地基旋喷注浆	m³	254.5	232.1	217.9	203.6	
NYH041600030003	地基深层搅拌		254.5	232.1	217.9	203.6	
NYH04160004	基础防护加固						
NYH041600040001	灌注水下混凝土填补冲空部分	m³	766.5	699.0	656.1	613.2	1. 灌注水下混凝土
NYH041600040002	混凝土填补冲空部分	m³	766.5	699.0	656.1	613.2	1. 围堰排水 2. 清除岩层严重风化部分 3. 混凝土浇筑
NYH041600040003	编织袋装干硬性混凝土填补冲空部分	m³	766.5	699.0	656.1	613.2	1. 编织袋装干硬性 2. 潜水 3. 分层填塞
NYH041600040004	水泥砂浆防护	m³	1006.9	918.3	861.9	805.5	水泥砂浆拌和、浇筑
NYH041600040005	增设新的调治构造物	m³	757.8	691.1	648.6	606.2	1. 围堰抽排水 2. 挖基、基底清理、垫层铺设 3. 砌筑、勾缝 4. 基坑回填、夯实

续表 B.2-5

项目编号	项目名称	计量单位	综合单价指标(元)				工程内容
			一类地区	二类地区	三类地区	四类地区	
NYH04160005	基础平面防护加固						
NYH041600050001	打梅花桩	m³	627.1	571.9	536.8	501.7	1. 打梅花桩 2. 块、片石砌平卡紧梅花桩
NYH041600050002	抛石防护	m³	250.8	228.7	214.6	200.6	1. 运石 2. 抛石
NYH041600050003	水泥混凝土板、水泥预制块	m³	834.0	760.6	713.9	667.2	1. 混凝土现浇或预制安装
NYH041600050004	铁丝笼	m³	194.5	177.4	166.5	155.6	1. 编铁丝笼或竹笼 2. 安设、填石
NYH041600050005	竹笼		126.3	115.1	108.1	101.0	
NYH041600050006	增设新的调治构造物	m³	757.8	691.1	648.6	606.2	1. 围堰抽排水 2. 挖基、基底清理、垫层铺设 3. 砌筑、勾缝 4. 基坑回填、夯实
NYH04160006	基础沉降、滑移、倾斜加固						
NYH041600060001	换填台背填料	m³	206.3	188.1	176.6	165.0	1. 原台背填料挖、装、运、卸 2. 新材料回填
NYH041600060002	增设钢筋混凝土支撑梁	m³	1002.9	914.6	858.5	802.3	1. 支架、模板、劲性骨架制作安装及拆除 2. 钢筋制作安装 3. 混凝土现场浇筑或预制安装 4. 养生
NYH041600060003	增设浆砌片石支撑板	m³	1002.9	914.6	858.5	802.3	1. 砌筑
NYH041600060004	增设挡墙、支撑杆、挡块	m³	1002.9	914.6	858.5	802.3	1. 支架、模板、劲性骨架制作安装及拆除 2. 钢筋制作安装 3. 混凝土现场浇筑或砌筑 4. 养生
NYH041600060005	加厚、增设翼墙		1002.9	914.6	858.5	802.3	
NYH041600060006	增设拉杆	m	38.5	35.1	33.0	30.8	1. 支架(含基础处理、预压)制作、安装、拆除 2. 制作、安装
NYH041600060007	调整或顶升上部结构	孔	25281.3	23056.5	21640.8	20225.0	1. 调整、顶升
NYH041600060008	增设垫块		1004.3	915.9	859.6	803.4	1. 支架、模板、劲性骨架制作安装及拆除 2. 钢筋、钢材制作安装 3. 混凝土现场浇筑或预制安装 4. 支座调整 5. 养生
NYH041600060009	加厚盖梁	m³	1004.3	915.9	859.6	803.4	

续表 B.2-5

项目编号	项目名称	计量单位	综合单价指标(元)				工程内容
			一类地区	二类地区	三类地区	四类地区	
NYH041600060010	顶推、调整拱轴线	座	37604.1	34295.0	32189.1	30083.3	1. 顶推、调整
NYH04170	**墩台加固**						
NYH04170001	裂缝加固						
NYH041700010001	增设钢筋混凝土围带	m³	1015.3	925.9	869.1	812.2	1. 模板制作安装及拆除 2. 钢筋制作安装 3. 混凝土现场浇筑 4. 养生
NYH041700010002	粘贴钢板箍	m	7.4	6.7	6.3	5.9	1. 整平(被)贴面 2. 制作、粘贴钢板
NYH041700010003	加大墩台截面	m³	1015.3	925.9	869.1	812.2	1. 模板制作安装及拆除 2. 钢筋制作安装 3. 混凝土现场浇筑或砌筑 4. 养生
NYH041700010004	灌缝	m	19.5	17.8	16.7	15.6	1. 灌缝
NYH04170002	倾斜加固						
NYH041700020001	加设钢拉杆	m	125.9	114.8	107.7	100.7	1. 支架(含基础处理、预压)制作、安装、拆除 2. 制作、安装
NYH04170003	破损加固						
NYH041700030001	增设钢筋混凝土箍套	m³	1290.0	1176.5	1104.2	1032.0	1. 模板制作安装及拆除 2. 钢筋制作安装 3. 混凝土现场浇筑 4. 养生
NYH041700030002	包裹碳纤维片材	m²	26.1	23.8	22.4	20.9	1. 包裹
NYH04170004	增设墩台						
NYH041700040001	增设台身	m³	1015.3	925.9	869.1	812.2	1. 支架、模板、劲性骨架制作安装及拆除 2. 钢筋、钢材制作安装 3. 混凝土现浇浇筑或预制安装 4. 养生
NYH041700040002	增设墩柱、墩身	m³	1015.3	925.9	869.1	812.2	
NYH041700040003	浇筑新盖梁		1015.3	925.9	869.1	812.2	
NYH04170005	锥坡、翼墙维修加固						
NYH041700050001	锥坡	m³	459.0	418.6	392.9	367.2	1. 模板制作安装及拆除 2. 钢筋制作安装 3. 混凝土现场浇筑或砌筑 4. 养生
NYH041700050002	翼墙		459.0	418.6	392.9	367.2	

续表 B.2-5

项目编号	项目名称	计量单位	综合单价指标(元)				工程内容
			一类地区	二类地区	三类地区	四类地区	
NYH04180	桥梁抗震加固						
NYH04180001	梁桥防止顺桥向（纵向）落梁的抗震加固						
NYH041800010001	桥台胸墙抗震加固	m³	1000.1	912.1	856.1	800.1	1. 加固或重做钢筋混凝土胸墙 2. 填塞缓冲材料 3. 制作、安装防落梁装置
NYH041800010002	增设挡块	m³	1000.1	912.1	856.1	800.1	1. 支架、模板、劲性骨架制作安装及拆除 2. 钢筋、钢材、锚栓制作安装 3. 混凝土现场浇筑或预制安装 4. 养生
NYH041800010003	固定主梁(板)	处	773.5	705.4	662.1	618.8	1. 卡架固定，填塞弹性材料 2. 钻孔、螺栓固定、填环氧砂浆、填弹性材料 3. 钻孔、螺栓固定、设置联结钢板 4. 养生
NYH041800010004	主梁连成整体	处	773.5	705.4	662.1	618.8	1. 增设横向钢拉杆或增设钢筋混凝土横隔板 2. 制作、安装防落梁装置 3. 螺栓、钢板或其他钢构件连接端隔板或梁端与胸墙 4. 养生
NYH04180002	梁桥防止横向落梁的抗震加固						
NYH041800020001	增设横向挡块	m³	1455.8	1327.6	1246.1	1164.6	1. 钻孔、埋入锚筋、浇筑钢筋混凝土 2. 养生
NYH041800020002	增设横向挡杆、钢拉杆	m	250.8	228.7	214.6	200.6	1. 制作、埋设短角钢、钢轨、槽钢 2. 制作、安装钢拉杆
NYH041800020003	固定主梁	处	992.9	905.5	849.9	794.3	1. 制作、安装、固定三角形钢支架 2. 制作、埋设钢锚栓 3. 填塞垫木

续表 B.2-5

项目编号	项目名称	计量单位	综合单价指标(元)				工程内容
			一类地区	二类地区	三类地区	四类地区	
NYH041800020004	桥面改造	m²	125.4	114.3	107.3	100.3	1. 制作、安装钢筋网 2. 铺设防水层 3. 浇筑混凝土 4. 桥面处理 5. 养生
NYH041800020005	增设横隔板	m³	1404.6	1281.0	1202.4	1123.7	1. 支架、模板、劲性骨架制作安装及拆除 2. 钢筋、钢材等制作安装 3. 混凝土现场浇筑或预制安装 4. 养生
NYH04180003	防止支座破坏的梁桥抗震加固						
NYH041800030001	增设支座挡块	m³	1438.0	1311.5	1230.9	1150.4	1. 支架、模板、劲性骨架制作安装及拆除 2. 钢筋、钢材等制作安装 3. 混凝土现场浇筑或预制安装 4. 养生
NYH041800030002	增设连接钢筋	kg	6.9	6.3	5.9	5.5	1. 制作、安装
NYH04180004	桥墩抗震加固						
NYH041800040001	增设横(斜)撑	m	51.3	46.7	43.9	41.0	1. 制作、安装槽钢或角钢 2. 螺栓拧紧或焊接
NYH041800040002	增设钢套管	m	38.0	34.7	32.5	30.4	1. 柱打毛、冲洗、填水泥砂浆或小石子混凝土 2. 制作、安装钢套管
NYH041800040003	增设抗震墩	m³	912.5	832.2	781.1	730.0	1. 制作、安装钢筋 2. 混凝土现场浇筑 3. 养生
NYH041800040004	加大桥墩断面	m³	1359.5	1239.8	1163.7	1087.6	1. 凿毛、洗净 2. 制作、植入连接钢筋 3. 混凝土现浇 4. 养生
NYH041800040005	增设套箍	m³	918.1	837.3	785.9	734.5	1. 模板制作安装及拆除 2. 钢筋制作安装 3. 混凝土现场浇筑 4. 养生

续表 B.2-5

项目编号	项目名称	计量单位	综合单价指标(元)				工程内容
			一类地区	二类地区	三类地区	四类地区	
NYH04180005	桥台抗震加固						
NYH041800050001	加筑围裙	m³	896.9	818.0	767.7	717.5	1. 模板制作安装及拆除 2. 钢筋制作安装 3. 混凝土现场浇筑 4. 养生
NYH041800050002	增设挡墙	m³	896.9	818.0	767.7	717.5	1. 围堰抽排水 2. 挖基、基底清理、垫层铺设 3. 钢筋制作安装及混凝土浇筑(砌筑、勾缝)、养生 4. 铺设滤水层及制作安装沉降缝、伸缩缝、泄水孔 5. 基坑及墙背回填
NYH041800050003	修筑扶壁或斜撑	m³	896.9	818.0	767.7	717.5	1. 模板制作安装及拆除 2. 钢筋制作安装 3. 混凝土现场浇筑 4. 养生
NYH041800050004	调整桥台形式	座	6278.1	5725.7	5374.1	5022.5	1. 模板制作安装及拆除 2. 钢筋制作安装 3. 混凝土现场浇筑或砌筑 4. 养生
NYH041800050005	顶推调整拱轴线	座	12686.0	11569.6	10859.2	10148.8	1. 顶推、调整
NYH04180006	基础、地基抗震加固						
NYH041800060001	水泥浆灌注法	m³	1438.0	1311.5	1230.9	1150.4	1. 钻孔、放入注射管、压浆 2. 配制水泥浆
NYH041800060002	旋喷灌浆法	m³	1438.0	1311.5	1230.9	1150.4	1. 钻具送至土层中预定深度、射入水泥浆、高压喷嘴 2. 浆液与土体搅拌混合形成胶糊柱体 3. 配制水泥浆
NYH041800060003	硅化法	m³	104.9	95.6	89.8	83.9	1. 水玻璃注入土中、注进氯化钙溶液、产生硅胶或水玻璃和磷酸溶液的混合液压入土中、产生硅胶
NYH04180007	盖梁、承台抗震加固						
NYH041800070001	加大截面	m³	1013.4	924.2	867.4	810.7	1. 凿毛、洗净 2. 制作、植入连接钢筋 3. 混凝土现浇 4. 养生

续表 B.2-5

项目编号	项目名称	计量单位	综合单价指标(元)				工程内容
			一类地区	二类地区	三类地区	四类地区	
NYH041800070002	施加预应力	m	11.0	10.0	9.4	8.8	1. 制作安装管道、预应力钢材 2. 安装锚具、锚板 3. 张拉 4. 防锈
NYH04180008	其他设施修复						
NYH04180009	抛石处理	m³	153.6	140.1	131.5	122.9	1. 人工装、运、卸、抛投、整平。适用于护底、护岸 2. 石料运输、抛石、整平
NYH04190	**涵洞的维修**						
NYH04190001	基础处理						
NYH041900010001	重建基础	m³	512.0	466.9	438.3	409.6	1. 挖基、重建基础
NYH041900010002	压浆加固基础	道	1263.4	1152.2	1081.4	1010.7	1. 压浆
NYH04190003	侧墙和翼墙维修	m³	716.0	653.0	612.9	572.8	更换透水性好的填土并夯实或修理(或加固)基础
NYH04190004	涵洞加固						
NYH041900040001	混凝土	m³	764.5	697.2	654.4	611.6	1. 挖开填土 2. 混凝土浇筑(含钢筋),加大原涵洞断面 3. 回填
NYH041900040002	钢筋混凝土	m³	1018.3	928.6	871.6	814.6	
NYH041900040003	混凝土预制块衬砌	m³	750.0	684.0	642.0	600.0	1. 涵内现浇或预制安装衬砌(含钢筋)
NYH041900040004	钢筋混凝土预制块衬砌	m³	1274.3	1162.1	1090.8	1019.4	
NYH041900040005	现浇衬砌	m³	752.5	686.3	644.1	602.0	

6 第500章 隧道工程

6.1 一般规定

6.1.1 本章为隧道工程,主要包括洞口与明洞工程维修、洞身维修以及路面、人行和车行横洞、排水设施、照明设施、吊顶和内装、人行道或检修道维修等内容。

6.1.2 洞口与明洞工程维修包括除清除洞口的危石、浮土、洞口坡面防护、洞门建筑、明洞衬砌裂纹、剥离、剥落、偏压明洞挡墙、遮光棚(板)维修及其他有关作业。其中,弃方运距不分免费运距和超运距,弃土场由图纸规定、业主指定或承包人自行调查确定,不论运输远近,运距费用全部计入相关细目中,不另计超运距运费,但若无特殊规定,弃土场用地费用应另计。

6.1.3 洞身维修包括无衬砌隧道的碎裂、松动岩石和危石的处理、无衬砌隧道围岩的渗漏水、无衬砌隧道新增衬砌、无衬砌隧道新增喷浆、衬砌裂纹、剥离、剥落、衬砌的渗漏水等有关作业。其中,开挖土石方的弃渣,依据本办法第6.1.2条执行。

6.1.4 排水设施包括了中心排水沟维修与新建、两侧排水沟维修与新建、洞处排水设施施工和维修等有关作业。

6.1.5 吊顶和内装包括了洞内防火涂料、洞内防火板和洞内装饰工程(镶贴瓷砖)以及喷涂混凝土专用漆等有关工程的维修作业。

6.1.6 风水电作业及通风防尘包括隧道施工中的供风、供水、供电、照明以及施工中的通风、防尘等不可缺少的附属设施和作业,均应包括在本章各节有关工程细目报价中,不另行计量。

6.1.7 场地布置,核对图纸、补充调查、编制施工组织设计、试验检测、施工测量、环境保护、安全措施、施工防排水、围岩类别划分及照明、通风、消防等设备、设施预埋构件设置与保护,所有准备工作和施工中应采取的措施均为各节、各细目工程的附属工作,不另行计量。

6.1.8 隧道名牌、模板装拆、钢筋除锈、拱盔、支架、脚手架搭拆、养护清场等工作均为各细目的附属工作,不另行计量。

6.1.9 连接钢板、螺栓、螺帽、拉杆、垫圈等作为钢支护的附属构件,不另行计量。

6.1.10 混凝土拌和场站、储料场的建设、拆除、恢复均包括在相应工程项目中,不另行计量。

6.2 计价规则

6.2.1 工程量清单项目设置、工程量计算规则及计价内容,应按表B.2-6的规定执行。

6.3 综合单价

6.3.1 养护工程隧道工程无历史价格的清单项目,可采用表B.2-6的综合单价费用计算。

6.3.2 表B.2-6中,一类、二类、三类、四类地区综合单价根据广东省各市、县(市、区)调查的数据,经统计分析所得。

表 B.2-6　第 500 章　隧道工程清单及综合单价表

项目编号	项目名称	计量单位	综合单价指标(元)				工程内容
			一类地区	二类地区	三类地区	四类地区	
NYH05100	洞口与明洞工程维修						
NYH05100001	遮光棚(板)维修						
NYH051000010001	混凝土	m³	1216.1	1109.1	1041.0	972.9	1. 挖除破损部分 2. 模板架设和拆除 3. 拌和、运输 4. 振捣、抹平 5. 养生等
NYH051000010002	钢筋	kg	6.9	6.3	5.9	5.5	1. 钢筋制作安装
NYH05110	洞身维修						
NYH05110001	无衬砌隧道维修						
NYH051100010001	碎裂、松动岩石和危石的处理	m³	90.8	82.8	77.7	72.6	1. 施工防排水 2. 开挖碎裂、松动岩石和危石及出渣 3. 整修 4. 弃方
NYH051100010002	围岩的渗漏水处理	m	150.1	136.9	128.5	120.1	1. 开设泄水孔、接引水管、将水导入边沟排出
NYH051100010003	新增衬砌	m³	1507.6	1375.0	1290.5	1206.1	1. 模注混凝土(含外掺剂、预埋管件等) 2. 沉降缝、施工缝、伸缩缝处理 3. 养生
NYH051100010004	新增喷浆处理	m³	1346.0	1227.6	1152.2	1076.8	1. 设喷身厚度标志 2. 调制、喷浆 3. 养生

续表 B.2-6

项目编号	项目名称	计量单位	综合单价指标(元)				工程内容
			一类地区	二类地区	三类地区	四类地区	
NYH05110002	衬砌裂纹、剥离、剥落处理						
NYH051100020001	衬砌背面注浆	m²	1346.0	1227.6	1152.2	1076.8	1. 喷身厚度标志 2. 调制、喷浆 3. 养生
NYH051100020002	防护网	m²	76.3	69.5	65.3	61.0	1. 凿除衬砌剥离劣化部分 2. 用锚栓固定
NYH051100020003	喷射混凝土	m³	1062.5	969.0	909.5	850.0	1. 设喷身厚度标志 2. 钢筋网制作、挂网、搭接、锚固 3. 调制、喷射混凝土(含钢纤维等外掺材料)或喷射水泥砂浆 4. 养生
NYH051100020004	锚杆加固	m	65.1	59.4	55.7	52.1	1. 钻孔、清孔、锚杆制作安装或锚杆制作、钻入 2. 锚孔注浆
NYH051100020005	排水、止水	m	259.0	236.2	221.7	207.2	1. 在衬砌内布置注浆孔 2. 低压低速注浆 3. 养生
NYH051100020006	套拱	m²	1044.1	952.2	893.8	835.3	1. 凿除衬砌劣化部分 2. 涂抹界面剂、联系钢筋制作安装、铺防水层 3. 牢固套拱
NYH051100020007	绝热层	m²	37.9	34.5	32.4	30.3	1. 铺设绝热层
NYH051100020008	滑坡整治	m³	23.5	21.4	20.1	18.8	黏土夯实、锚杆加固或设计抗滑锚固桩、修筑挡土墙、填土或开挖洞顶山体
NYH051100020009	围岩压浆	m³	1019.3	929.6	872.5	815.4	1. 布置注浆孔 2. 注浆(含外掺剂) 3. 养生
NYH051100020010	灌浆锚固	m³	1019.3	929.6	872.5	815.4	1. 布置灌浆孔 2. 灌浆 3. 养生
NYH051100020011	增设仰拱	m³	1019.3	929.6	872.5	815.4	1. 浇筑混凝土(含外掺剂) 2. 沉降缝、施工缝、伸缩缝处理 3. 养生

续表 B.2-6

项目编号	项目名称	计量单位	综合单价指标(元)				工程内容
			一类地区	二类地区	三类地区	四类地区	
NYH051100020012	更换衬砌	m³	1507.9	1375.2	1290.7	1206.3	1. 拆除原衬砌、废弃 2. 模注混凝土(含外掺剂、预埋管件等) 3. 沉降缝、施工缝、伸缩缝处理 4. 养生
NYH051100020013	防水卷材	m²	31.4	28.6	26.9	25.1	1. 敷设面处理 2. 敷设防水卷材及土工布 3. 搭接、固定
NYH05110003	衬砌渗漏水处理						
NYH051100030001	排水、止水	m	253.8	231.4	217.2	203.0	1. 外置排水管和开槽埋管或安装防水板或设置排水孔、水平钻孔、加深排水沟和深井降水
NYH051100030002	围岩压浆	m³	1242.4	1133.0	1063.5	993.9	1. 布置注浆孔 2. 注浆(含外掺剂) 3. 养生
NYH051100030003	更换衬砌	m³	1507.9	1375.2	1290.7	1206.3	1. 拆除原衬砌、废弃 2. 模注混凝土(含外掺剂、预埋管件等) 3. 沉降缝、施工缝、伸缩缝处理 4. 养生
NYH05120	路面及其他设施维修						
NYH05120001	路面渗漏水处理	处	129.3	117.9	110.6	103.4	1. 开槽埋管
NYH05120002	人行和车行横洞维修	处	641.5	585.0	549.1	513.2	1. 拆除破损部分、废弃 2. 修复破损部分
NYH05120003	斜(竖)井维修	处	2512.8	2291.6	2150.9	2010.2	1. 拆除破损部分 2. 修复破损井内排水设施
NYH05120004	风道维修	处	1292.5	1178.8	1106.4	1034.0	1. 拆除破损部分 2. 修复风口、风道、风道板吊杆和更换损坏的风道板
NYH05130	排水设施维修						
NYH05130001	中心排水沟维修与新建	m	129.3	117.9	110.6	103.4	1. 拆除、修复破损部分 2. 基底处理、垫层及滤层铺设,安设排水管(打孔波纹管等)及包缠土工布,接头处理(含三通)

续表 B.2-6

项目编号	项目名称	计量单位	综合单价指标(元)				工程内容
			一类地区	二类地区	三类地区	四类地区	
NYH05130002	两侧排水沟维修与新建	m	129.3	117.9	110.6	103.4	1. 拆除、修复破损部分 2. 基底处理、垫层及滤层铺设,安设排水管(打孔波纹管等)及包缠土工布,接头处理(含三通) 3. 基底处理,钢筋制作安装,现浇或预制安装沟身混凝土,养护
NYH05130003	洞外排水设施						
NYH051300030001	浆砌片石水沟	m³	437.5	399.0	374.5	350.0	1. 拆除、修复破损部分 2. 基坑开挖整型 3. 片石准备或混凝土预制块预制、铺设垫层、砌筑勾缝 4. 沟底抹面及压顶 5. 预制安装盖板
NYH051300030002	混凝土预制块水沟		1250.0	1140.0	1070.0	1000.0	
NYH051300030003	现浇混凝土水沟		1125.0	1026.0	963.0	900.0	1. 拆除、修复破损部分 2. 基坑开挖整型 3. 铺设垫层、浇混凝土 4. 盖板制作安装
NYH05140	吊顶和内装维修						
NYH05140001	洞内防火涂料(按厚度分)	m²	22.5	20.5	19.3	18.0	1. 拆除破损部分 2. 基层表面处理 3. 喷涂防火涂料 4. 养生
NYH05140002	洞内防火板	m²	35.3	32.1	30.2	28.2	1. 拆除破损部分 2. 制作安装(含预埋件、固定件等)
NYH05140003	洞内装饰工程	m²	52.5	47.9	44.9	42.0	1. 拆除破损部分 2. 镶贴:支架、脚手架的制作安装和拆除、混凝土边墙表面处理、砂浆找平、镶贴瓷砖、养护要求 3. 喷涂:基层表面处理、喷涂混凝土专用漆、养生
NYH05150	人行道或检修道维修						
NYH05150001	人行道维修	m	54.5	49.7	46.7	43.6	1. 拆除、修复破损公路、盖板、栏杆等部分 2. 混凝土浇筑 3. 盖板、道板制作安装
NYH05150002	检修道维修	m	54.5	49.7	46.7	43.6	
NYH05160	照明设施维修						
NYH05160001	照明设施更换	个	1387.5	1265.4	1187.7	1110.0	拆除、更换损坏部分

7 第600章 交通工程及沿线设施

7.1 一般规定

7.1.1 本章为交通工程及沿线设施,主要包括交通安全设施清洁维护,护栏、隔离栅(护网)、公路交通标志、公路交通标线、防眩设施、其他设施等内容。

7.1.2 护栏维修包括连续式墙式护栏、间断式墙式护栏、波形护栏、缆索护栏、活动式护栏等的拆除、修复、调整、安装及有关作业。其中,护栏地基填筑、垫层材料、砌筑砂浆、嵌缝材料、油漆涂料、反光膜以及混凝土中的钢筋、钢缆索护栏的封头混凝土等均不另行计量。

7.1.3 公路交通标志维修包括示警桩、防撞墩、各式公路交通标志、界碑及里程碑等的拆除、修复、安装及有关施工作业。不同类型标志以不同形状、尺寸、反光等级设置工程细目,并按板面面积从大到小依次排列。所有支承结构、底座、硬件和为完成组装而需要的附件,均附属于各有关标志工程细目内,不另行计量。

7.1.4 公路交通标线修复包括在路面上喷涂路面标线、拆除和安装减速带、安装突起路标、轮廓标、立面标记、隆声带等有关修复作业。其中,震颤标线、防滑标线、水性反光标线等特殊路面标线和隆声带按区域面积(以设计特殊标线前、后、左、右四侧的最外缘涂敷点或线连接成的顺中心线方向矩形面积)计算数量,其他路面标线按涂敷实际面积计算数量;路面标线玻璃珠包含在涂敷面积内,附着式轮廓标的后底底座、支架连接件,均不另行计量。

7.1.5 防眩设施维修包括防眩板、防眩网等的拆除、安装及有关维修作业。其他设施包括太阳能警示设施、信号设施等有关维修作业。所需的预埋件、连接件、立柱基础混凝土及钢构件的焊接,均作为附属工作,不另行计量。

7.1.6 本章项目未明确指出的工程内容,如场地清理、废方弃运、场地运输等均包含在相应的工程项目中,不另行计量。

7.2 计价规则

7.2.1 工程量清单项目设置、工程量计算规则及计价内容,应按表 B.2-7 的规定执行。

7.3 综合单价

7.3.1 养护工程交通工程及沿线设施无历史价格的清单项目,可采用表 B.2-7 的综合单价费用计算。

7.3.2 表 B.2-7 中,一类、二类、三类、四类地区综合单价根据广东省各市、县(市、区)调查的数据,经统计分析所得。

表 B.2-7 第 600 章 交通工程及沿线设施清单及综合单价表

项目编号	项目名称	计量单位	综合单价指标(元)				工程内容
			一类地区	二类地区	三类地区	四类地区	
NYH06100	墙式护栏维修						
NYH06100001	拆除	m	90.3	80.5	74.2	70.0	1. 拆除、清底、废弃 2. 清理现场
NYH06100002	修复	m	420.7	375.0	345.7	326.1	1. 修复破损部分 2. 清理现场
NYH06100003	重建或新增	m	423.8	377.8	348.2	328.5	1. 挖基、基底处理 2. 钢筋制作安装 3. 现浇或预制安装混凝土(含预埋件) 4. 伸缩缝处理 5. 支承架及栏杆制作安装 6. 涂层及反光膜设置安装
NYH06110	波形护栏维修及更换						
NYH06110001	拆除	m	63.6	56.7	52.3	49.3	1. 拆除、废弃 2. 清理现场
NYH06110002	修复	m	165.6	147.7	136.1	128.4	1. 修复破损部分 2. 清理现场
NYH06110003	调整	m	103.7	92.5	85.2	80.4	1. 调整、校正
NYH06110004	重建或新增	m	298.1	265.8	245.0	231.1	1. 立柱打设或安装(含特殊路段立柱基础设置) 2. 波形梁钢护栏安装(含柱帽、防阻块、拼连接螺栓、螺母、垫片、加劲梁、锚固件等)

续表 B.2-7

项目编号	项目名称	计量单位	综合单价指标(元)				工程内容
			一类地区	二类地区	三类地区	四类地区	
NYH06110005	波形护栏局部更换						
NYH061100050001	普通型钢护栏	m	303.2	270.3	249.1	235.0	1. 拆除、更换破损部分 2. 清理现场
NYH061100050002	双波加强型钢护栏		367.7	327.8	302.1	285.0	
NYH061100050003	三波加强型钢护栏		464.4	414.0	381.6	360.0	
NYH061100050004	双层双波加强型钢护栏		580.5	517.5	477.0	450.0	
NYH061100050005	桥路连接过渡段钢护栏		742.5	661.9	610.1	575.6	
NYH061100050006	更换防阻块	处	19.5	17.4	16.0	15.1	1. 拆除、更换破损部分 2. 清理现场
NYH061100050007	更换护栏盖帽		30.6	27.3	25.1	23.7	
NYH06120	缆索护栏维修						
NYH06120001	拆除	m	18.2	16.2	14.9	14.1	1. 拆除、废弃 2. 清理现场
NYH06120002	修复	m	83.7	74.6	68.8	64.9	1. 修复破损部分
NYH06120003	调整	m	43.6	38.9	35.8	33.8	1. 调整、校正
NYH06120004	局部更换	m	166.4	148.4	136.7	129.0	1. 立柱打设或安装 2. 钢缆索安装(含附件)
NYH06130	活动式护栏维修						
NYH06130001	修复	m	128.7	114.8	105.8	99.8	1. 修复破损部分
NYH06130002	局部更换	m	355.1	316.6	291.8	275.3	1. 立柱设置 2. 活动式钢护栏安装(含防眩板)
NYH06140	示警桩维修、墙式护栏或示警墩局部更换						
NYH06140001	示警桩拆除	块	23.3	20.8	19.2	18.1	1. 拆除、废弃 2. 清理现场
NYH06140002	示警桩局部更换	块	180.9	161.2	148.6	140.2	1. 基础开挖 2. 制作安装 3. 反光膜设置
NYH06140003	连续式墙式护栏局部更换	m	417.7	372.4	343.2	323.8	1. 拆除、更换破损部分,养生 2. 清理现场
NYH06140004	间断式示警墩局部更换	m	423.0	377.1	347.6	327.9	1. 拆除、更换破损部分,养生 2. 清理现场

续表 B.2-7

项目编号	项目名称	计量单位	综合单价指标(元)				工程内容
			一类地区	二类地区	三类地区	四类地区	
NYH06150	防撞墩维修						
NYH06150001	拆除	块	102.9	91.8	84.6	79.8	1. 拆除、废弃 2. 清理现场
NYH06150002	修复	块	410.5	365.9	337.3	318.2	1. 修复破损部分
NYH06160	单柱式交通标志维修						
NYH06160001	拆除	个	162.5	144.9	133.6	126.0	1. 拆除、废弃 2. 清理现场
NYH06160002	修复	个	269.2	240.0	221.2	208.7	1. 修复破损部分
NYH06160003	面板更换	个	418.9	373.4	344.2	324.7	1. 拆除、废弃 2. 清理现场 3. 安装
NYH06170	双柱式交通标志维修						
NYH06170001	拆除	个	165.5	147.5	136.0	128.3	1. 拆除、废弃 2. 清理现场
NYH06170002	修复	个	275.3	245.4	226.2	213.4	1. 修复破损部分
NYH06170003	更换	个	418.6	373.2	344.0	324.5	1. 拆除、废弃 2. 清理现场 3. 安装
NYH06180	门架式交通标志维修						
NYH06180001	拆除	个	165.8	147.8	136.2	128.5	1. 拆除、废弃 2. 清理现场
NYH06180002	修复	个	267.3	238.3	219.6	207.2	1. 修复破损部分
NYH06180003	更换	个	438.1	390.5	360.0	339.6	1. 拆除、废弃 2. 清理现场 3. 安装
NYH06190	单悬臂式交通标志维修						
NYH06190001	拆除	个	166.3	148.2	136.6	128.9	1. 拆除、废弃 2. 清理现场
NYH06190002	修复	个	270.1	240.8	222.0	209.4	1. 修复破损部分
NYH06190003	面板更换	个	436.8	389.4	358.9	338.6	1. 拆除、废弃 2. 清理现场 3. 安装

续表 B.2-7

项目编号	项目名称	计量单位	综合单价指标(元)				工程内容
			一类地区	二类地区	三类地区	四类地区	
NYH06200	双悬臂式交通标志维修						
NYH06200001	拆除	个	147.8	131.8	121.5	114.6	1. 拆除、废弃 2. 清理现场
NYH06200002	修复	个	267.9	238.9	220.2	207.7	1. 修复破损部分
NYH06200003	面板更换	个	432.7	385.7	355.5	335.4	1. 拆除、废弃 2. 清理现场 3. 安装
NYH06210	附着式交通标志维修						
NYH06210001	拆除	个	162.9	145.2	133.9	126.3	1. 拆除、废弃 2. 清理现场
NYH06210002	修复	个	256.5	228.6	210.7	198.8	1. 修复破损部分
NYH06210003	面板更换	个	421.6	375.8	346.4	326.8	1. 拆除、废弃 2. 清理现场 3. 安装
NYH06220	隧道内交通标志						
NYH06220001	拆除	个	166.3	148.2	136.6	128.9	1. 拆除、废弃 2. 清理现场
NYH06220002	修复	个	279.3	249.0	229.5	216.5	1. 修复破损部分
NYH06220003	面板更换	个	422.2	376.4	346.9	327.3	1. 拆除、废弃 2. 清理现场 3. 安装
NYH06230	里程碑、百米桩、界碑维修						
NYH06230001	拆除里程碑、百米桩、界碑						
NYH062300010001	拆除里程碑	块	93.5	83.4	76.9	72.5	1. 拆除、废弃 2. 清理现场
NYH062300010002	拆除百米桩	块	54.8	48.9	45.1	42.5	
NYH062300010003	拆除界碑		149.6	133.4	123.0	116.0	
NYH06230002	里程碑(牌)、百米桩(牌)、界碑(牌)更换						

续表 B.2-7

项目编号	项目名称	计量单位	综合单价指标(元)				工程内容
			一类地区	二类地区	三类地区	四类地区	
NYH062300020001	里程碑(牌)更换	块	232.2	207	190.8	180	1. 拆除破损碑(牌、桩),清理现场 2. 制作安装
NYH062300020002	百米桩(牌)更换		103.2	92.0	84.8	80.0	
NYH062300020003	界碑(牌)更换		232.2	207.0	190.8	180.0	
NYH06230003	隔离墩维修						
NYH062300030001	更换	处	419.8	374.2	344.9	325.4	1. 拆除破损部分,清理现场 2. 制作安装
NYH062300030002	油漆	处	107.2	95.6	88.1	83.1	1. 清刷干净 2. 涂油漆
NYH06230004	示警桩维修						
NYH062300040001	更换	根	108.9	97.1	89.5	84.4	1. 拆除破损部分,清理现场 2. 制作安装
NYH062300040002	油漆	根	37.4	33.4	30.7	29.0	1. 清刷干净 2. 涂油漆
NYH06240	公路交通标线局部修复						
NYH06240001	热熔型涂料路面标线修复						
NYH062400010001	1号标线	m²	72.9	65.0	59.9	56.5	1. 清除旧标线 2. 路面清洗 3. 喷涂下涂剂、底油 4. 喷涂标线(含玻璃珠)
NYH062400010002	2号标线		91.7	81.8	75.4	71.1	
NYH06240002	溶剂常温涂料路面标线修复						
NYH062400020001	1号标线	m²	75.7	67.5	62.2	58.7	1. 清除旧标线 2. 路面清洗 3. 喷涂下涂剂、底油 4. 喷涂标线(含玻璃珠)
NYH062400020002	2号标线		104.6	93.3	86.0	81.1	
NYH06240003	溶剂加热涂料路面标线修复						
NYH062400030001	1号标线	m²	77.5	69.1	63.7	60.1	1. 清除旧标线 2. 路面清洗 3. 喷涂下涂剂、底油 4. 喷涂标线(含玻璃珠)
NYH062400030002	2号标线		106.9	95.3	87.9	82.9	

续表 B.2-7

项目编号	项目名称	计量单位	综合单价指标(元)				工程内容
			一类地区	二类地区	三类地区	四类地区	
NYH06240004	特殊路面标线修复						
NYH062400040001	震颤标线(热熔突起型标线)	m²	135.5	120.8	111.3	105.0	1. 清除旧标线 2. 路面清洗 3. 喷涂下涂剂、底油 4. 喷涂标线(含玻璃珠等)
NYH062400040002	防滑标线		116.1	103.5	95.4	90.0	
NYH062400040003	水性反光标线		64.5	57.5	53.0	50.0	
NYH06240005	减速带修复						
NYH062400050001	拆除	m	31.2	27.8	25.7	24.2	1. 拆除、废弃 2. 清理现场
NYH062400050002	更换	m	219.6	195.7	180.4	170.2	1. 制作安装(含锚固件等)
NYH06240006	突起路标修复						
NYH062400060001	单面突起路标	个	32.3	28.8	26.5	25.0	1. 路面清洗 2. 安装
NYH062400060002	双面突起路标		38.7	34.5	31.8	30.0	
NYH06240007	轮廓标修复						
NYH062400070001	柱式轮廓标	个	154.8	138.0	127.2	120.0	1. 挖基及基础处理 2. 安装
NYH062400070002	附着式轮廓标	个	7.7	6.9	6.4	6.0	1. 安装
NYH062400070003	1243 线形(条型)轮廓标	片	41.5	37.0	34.1	32.2	
NYH062400070004	柱式边缘视线诱导标	个	210.9	188.0	173.3	163.5	
NYH06240008	立面标记修复	处	74.7	66.6	61.4	57.9	1. 涂敷或安装
NYH06240009	隆声带修复	m²	231.8	206.7	190.5	179.7	1. 隆声带刻设 2. 防水、反光等处理
NYH06250	**防眩设施维修**						
NYH06250001	防眩板维修						
NYH062500010001	拆除	块	21.2	18.9	17.4	16.4	1. 拆除、废弃 2. 清理现场
NYH062500010002	更换	块	77.4	69.0	63.6	60.0	1. 设置安装基础(含预埋件、锚固件等) 2. 安装
NYH06250002	防眩网维修						
NYH062500020001	拆除	m²	64.6	57.6	53.1	50.1	1. 拆除、废弃 2. 清理现场
NYH062500020002	更换	m²	129.5	115.5	106.4	100.4	1. 设置安装基础(含预埋件、锚固件等) 2. 安装

8 第700章 绿化工程

8.1 一般规定

8.1.1 本章为绿化及环境保护设施,主要包括维护期间环境保护,以及公路绿化工程中植物的补种植和管理等的有关作业。工程内容主要有加铺表土、绿化补植等。

8.1.2 除按图纸施工的永久性环境保护工程外,其他采取的施工期间环境保护措施已包含在相应的工程项目中,不另行计量;由于承包人的过失、疏忽或者未及时按图纸做好永久性的环境保护工程,导致需要另外采取环境保护措施,这部分额外增加的费用应由承包人负担。

8.1.3 补播草种和补植草皮包括在公路绿化区域内铺设表土的层面上撒播草种或铺植草皮和施肥、布设喷灌设施等绿化工程作业。其中,草种、水、肥料等,作为承包人撒播草种的附属工作,不另行计量;当草皮采用叠铺时,承包人应根据图纸要求自行考虑叠铺系数,叠铺增加的面积不另行计量,但若为工程实施过程中的设计变更,则应按叠铺程度确定一叠铺系数,叠铺增加的面积予以计量;喷灌设施的闸阀、水表、洒水栓等,作为喷灌管道的附属工作,不另行计量。

8.1.4 补(种)植乔木、灌木包括在公路绿化区域内提供和补(种)植乔木、灌木。其中,补(种)植用水、设置水池储水、施肥等,均作为承包人种植植物的附属工作,不另行计量。

8.1.5 本章项目未明确指出的工程内容,如场地清理、废方弃运、场地运输等均包含在相应的工程项目中,不另行计量。

8.2 计价规则

8.2.1 工程量清单项目设置、工程量计算规则及计价内容,应按表B.2-8的规定执行。

8.3 综合单价

8.3.1 养护工程绿化工程无历史价格的清单项目,可采用表B.2-8的综合单价费用计算。

8.3.2 表B.2-8中,一类、二类、三类、四类地区综合单价根据广东省各市、县(市、区)调查的数据,经统计分析所得。

表 B.2-8 第700章 绿化工程清单及综合单价表

项目编号	项目名称	计量单位	综合单价指标(元)				工程内容
			一类地区	二类地区	三类地区	四类地区	
NYH07100	加铺表土	m³	22.9	20.5	19.1	15.8	1. 挖运土及地表处理 2. 表土及垫层土加铺、排水处理等
NYH07110	绿化补植						
NYH07110001	补播草种	m²	22.6	20.3	18.9	15.6	1. 平整土地 2. 撒播草籽 3. 洒水覆盖及养护 4. 清理现场
NYH07110002	补植草皮	m²	43.8	39.3	36.5	30.2	1. 平整土地 2. 铺植草皮 3. 洒水、养护 4. 清理现场
NYH07110003	乔木补植(土球直径10cm)	棵	82.5	74.0	68.8	56.9	1. 划线布坑,挖坑 2. 栽植,扶正、回填、浇水、养护 3. 现场清理
NYH07110004	灌木补植	棵	36.3	32.5	30.3	25.0	
NYH07120	绿化专项养护						
NYH07120001	两侧行道树养护	棵	116.0	104.0	96.8	80.0	1. 防旱、防冻、防虫处理 2. 修剪、整形等
NYH07120002	边坡绿化养护	m²	116.0	104.0	96.8	80.0	
NYH07120003	路树采伐	棵	40.6	36.4	33.8	28.0	地勤安全,伐树,裁短,集中堆积,场地清理

附录 C 广东省农村公路养护预算编制示例

C.1 广东省农村公路预算编制流程

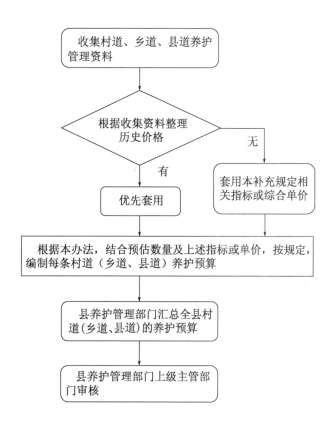

C.2 广东省农村公路养护预算编制说明

1. 本示例仅以村道为例进行编制及汇总,在实际编制时,应根据实际农村公路规模进行编制及汇总。
2. 在编制乡道及县道的养护预算时,可采用本办法 C.3 示例进行编制。
3. 在编制农村公路养护预算时,可以按《农村公路养护预算编制办法》(JTG/T 5640—2020)及本办法对每条公路进行编制,然后进行费用汇总;也可先进行养护数量汇总,然后按照《农村公路养护预算编制办法》(JTG/T 5640—2020)及本办法进行养护预算编制及汇总。

C.3 广东省农村公路养护预算编制示例

C.3.1 广东省农村公路养护预算编制示例1

广东省韶关市某县某年农村公路养护预算编制示例(以单条公路为例)

编　　制:(签字)_____
复　　核:(签字)_____
编制单位:(盖章)_____
编制时间:_____年_____月_____日

目 录

1 编制总说明
2 农村公路养护预算总费用汇总表(01 表)
3 ××村道(村道1)农村公路养护预算编制说明及相关表格
4 ××村道(村道2)农村公路养护预算编制说明及相关表格

编制总说明

一、概况

广东省韶关市某县某镇某村共计2条村道,路线长度合计为34.8km[其中××村道(村道1)为20.8km,××村道(村道2)为14.0km]。其中××村道(村道1)公路路基宽度5m(单车道),路线中有桥梁800m/8座、隧道700m/1座以及沿线设施等工程,路面结构为水泥混凝土路面。××村道(村道2)公路路基宽度5m(单车道),路线中有桥梁400m/4座以及沿线设施等工程,路面结构为水泥混凝土路面。

二、编制范围

本养护预算编制范围为:韶关市某县的村道2022年度养护工程预算的编制。包括日常养护预算费(含日常巡查、日常保养和小修费)和养护工程预算费编制等。其中日常养护预算编制范围为××行政村的2条村道(路线长度34.8km),预防养护工程预算编制范围为××行政村的2条村道的部分路段[路线长度共计3km,其中××村道(村道1)为3km,××村道(村道2)为0km],修复养护工程预算编制范围为××行政村的2条村道的部分路段[路线长度共计7km,其中××村道(村道1)为4km,××村道为3km]。

三、费用计算

(一)日常养护费

日常养护费包括日常巡查费、日常保养费和小修费。

1. 日常巡查费:根据收集的资料,该乡同类村道2019年的日常巡查养护指标为公路650元/(km·年),桥梁60元/(延米·年),隧道65元/(延米·年)。经调查估计,2019~2020年日常巡查费年价格增长率为0%,2020~2021年日常巡查费年价格增长率为0.5%;经调查预测,2021~2022年日常巡查费年价格增长率为2.5%,则2019~2022年日常巡查费价格综合增长率 = (1+0%) × (1+0.5%) × (1+2.5%) − 1 = 3.0%(价格综合增长率的计算方式详见本办法第3.2.4条的条文说明)。则日常巡查费预算指标为:公路 = 650 × (1+3%) = 669.5元/(km·年),桥梁 = 60 × (1+3%) = 61.8元/(延米·年),隧道 = 65 × (1+3%) = 67.0元/(延米·年)。

2. 日常保养费:根据收集的资料,该乡同类村道2019年的日常保养指标为公路1800元/(km·年),桥梁78元/(延米·年),隧道80元/(延米·年)。经调查估计,2019~2020年日常保养费年价格增长率为0.8%,2020~2021年日常保养费年价格增长率为0.2%;经调查预测,2021~2022年日常保养费年价格增长率为1.0%,则2019~2022年日常保养费价格综合增长率 = (1 + 0.8%) × (1 + 0.2%) × (1 + 1.0%) - 1 = 2.0%。则日常保养费预算指标为:公路 = 1800 × (1 + 2%) = 1836 元/(km·年),桥梁 = 78 × (1 + 2%) = 79.56 元/(延米·年),隧道 = 80 × (1 + 2%) = 81.6 元/(延米·年)。

3. 小修费:根据收集资料及预估数量,本项目采用清单计价方式,因 2019 年历史价格充足,所有小修费清单综合单价均参考 2019 年历史价格。根据收集资料,该乡同类村道 2019 年的小修费清单综合单价(历史价格)如下表。经调查估计,2019~2020 年小修费年价格增长率为 0.6%,2020~2021 年小修费年价格增长率为 0.2%;经调查预测 2021~2022 年小修费年价格增长率为 0.2%,则 2019~2022 年小修费价格综合增长率 = (1 + 0.6%) × (1 + 0.2%) × (1 + 0.2%) - 1 = 1.0%,则小修费清单预算单价如下表,例如:清理路基零星塌方预算单价 = 19.3 × (1 + 1%) = 19.5 元。

项目名称	单位	历史单价（元）	清单单价（元）	价格综合增长率（%）	预算单价（元）	备注
第 200 章 路基工程						
清理路基零星塌方	m³	19.3		1	19.5	参考历史价格
边沟、排水沟、截水沟、急流槽维修	m	60.5		1	61.1	参考历史价格
边坡整理	m²	3.5		1	3.5	参考历史价格
增设盲沟	m	43.2		1	43.6	参考历史价格
挡土墙维修	m³	446.5		1	451.0	参考历史价格
第 300 章 路面工程						
破板凿除	m³	140.8		1	142.2	参考历史价格
水泥混凝土修复	m³	200.5		1	202.5	参考历史价格
裂缝灌缝	m	13.4		1	13.5	参考历史价格
错台处治	m	14.5		1	14.6	参考历史价格
波浪、搓板、拥包、泛油处理	m²	30.6		1	30.9	参考历史价格
第 400 章 桥梁、涵洞工程						
修复沥青混凝土桥面	m²	134		1	135.3	参考历史价格
修复泄水管	套	55		1	55.6	参考历史价格
维护伸缩装置	m	98.6		1	99.6	参考历史价格
护栏刷漆	m	45.2		1	45.7	参考历史价格
支座维修	个	210		1	212.1	参考历史价格
桥梁墩台混凝土浇筑修补	m³	800		1	808.0	参考历史价格

续上表

项目名称	单位	历史单价（元）	清单单价（元）	价格综合增长率（%）	预算单价（元）	备 注
第500章 隧道工程						
洞口杂草清理	m²	10		1	10.1	参考历史价格
洞身砂浆抹面	m²	45		1	45.5	参考历史价格
洞内衬维护	m²	52.2		1	52.7	参考历史价格
第600章 交通工程及沿线设施						
单柱式交通标志维护	块	80		1	80.8	参考历史价格
单悬臂式交通标志维护	块	290		1	292.9	参考历史价格
附着式交通标志维护	块	110		1	111.1	参考历史价格
公路旧标线清除	m²	18		1	18.2	参考历史价格
第700章 绿化工程						
草皮补植	m²	36		1	36.4	参考历史价格
边坡绿化养护	m²	70		1	70.7	参考历史价格

注：历史单价指用作参考的历史价格；清单单价指本办法 B.1 或 B.2 综合单价指标；预算单价指编制预算采用的单价指标，预算单价 = 历史单价 × (1 + 价格综合增长率)。

(二)检测评定及信息化维护费

检测评定及信息化维护费包括技术状况检测评定费和信息化系统维护费。

1. 技术状况检测评定费用：根据收集的资料，该乡同类村道 2019 年的技术状况检测评定费为公路 300 元/(km·年)，桥梁 40 元/(延米·年)，隧道 30 元/(延米·年)。经调查估计，2019～2020 年技术状况检测评定费年价格增长率估计为 0.1%，2020～2021 年技术状况检测评定费年价格增长率估计为 0.9%；经调查预测，2021～2022 年技术状况检测评定费年价格增长率为 0.9%，则 2019～2022 年技术状况检测评定费价格综合增长率 = (1 + 0.1%) × (1 + 0.9%) × (1 + 2.9%) − 1 = 2.0%。则技术状况费预算指标为：公路 = 300 × (1 + 2%) = 306 元/(km·年)，桥梁 = 40 × (1 + 2%) = 40.8 元/(延米·年)，隧道 = 30 × (1 + 2%) = 30.6 元/(延米·年)。

2. 信息化系统维护费：根据收集的资料，该乡同类村道 2019 年的信息化系统维护费为 10000 元/年。经调查估计，2019～2020 年信息化系统维护费年价格增长率估计为 0%，2020～2021 年信息化系统维护费年价格增长率估计为 0%；经调查预测，2021～2022 年信息化系统维护费年价格增长率为 0%，则 2019～2022 年信息化系统维护费价格综合增长率 = (1 + 0%) × (1 + 0%) × (1 + 0%) − 1 = 0%。则信息化系统维护费预算指标 = 10000 × (1 + 0%) = 10000 元/年。

（三）养护机械设备购置费

根据需要，每条乡道计划购买车载绿篱机1台，购置费20000元。

（四）养护工程费

1. 预防养护费和修复养护费。

（1）根据收集资料及预估数量，本项目采用清单计价方式，因2019年历史价格充足，所有养护工程费清单综合单价均参考2019年历史价格。根据收集资料，该乡同类村道2019年的养护工程费清单综合单价（历史价格）如下表。经调查估计，2019～2020年小修费年价格增长率为0.6%，2020～2021年小修费年价格增长率为0.2%；经调查预测2021～2022年小修费年价格增长率为0.2%，则2019～2022年小修费价格综合增长率＝（1＋0.6%）×（1＋0.2%）×（1＋0.2%）－1＝1.0%，则养护工程费清单预算单价如下表，例如：局部维修挖土方预算单价＝10.2×（1＋1%）＝10.302元。

项目名称	单位	历史单价（元）	清单单价（元）	价格综合增长率（%）	预算单价（元）	备注
第200章　路基工程						
拆除浆砌片（块）石结构	m³	76.8		1	77.568	参考历史价格
局部维修挖土方	m³	10.2		1	10.302	参考历史价格
局部维修挖石方	m³	50		1	50.5	参考历史价格
修复或完善边沟	m	102		1	103.02	参考历史价格
结构物台背回填	m³	110		1	111.1	参考历史价格
修复排水沟	m	100		1	101	参考历史价格
第300章　路面工程						
水泥路面更换填缝料	m	13.5		1	13.635	参考历史价格
挖除水泥混凝土路面	m³	145.9		1	147.359	参考历史价格
破板修复（水泥混凝土）	m³	190.4		1	192.304	参考历史价格
破板修复（沥青混凝土加铺）	m³	1500		1	1515	参考历史价格
铣刨（沥青混凝土路面）	m³	135.8		1	137.158	参考历史价格
纵横向裂缝维修（沥青混凝土路面）	m	13.4		1	13.534	参考历史价格
路面波浪处治	m²	33.6		1	33.936	参考历史价格

续上表

项目名称	单位	历史单价（元）	清单单价（元）	价格综合增长率（%）	预算单价（元）	备 注
裂缝维修（水泥混凝土路面）	m²	50.4		1	50.904	参考历史价格
加铺稀浆封层	m²	17.6		1	17.776	参考历史价格
加铺厚50mm中粒式沥青混凝土路面	m²	59.4		1	59.994	参考历史价格
加铺厚60mm粗粒式沥青混凝土路面	m²	62		1	62.62	参考历史价格

注：1. 历史单价指用作参考的历史价格；清单单价指本办法 B.1 或 B.2 综合单价指标。
　　2. 预算单价指编制预算采用的单价指标，预算单价＝历史单价×(1＋价格综合增长率)。

（2）保险费中的工程一切险与第三方责任险合并按建筑安装工程费（不含清单总则100章费用）的3‰计。

（3）安全生产费：按建筑安装工程费（不含清单总则100章费用）的1.5%计算。

（4）前期工作费：按照本办法表3.5.7计算。

（5）竣（交）工验收试验检测费：根据收集的资料，该乡同类村道2019年的竣（交）工验收试验检测费为公路1500元/(km·年)，桥梁20元/(延米·年)，隧道40元/(延米·年)。经调查估计，2019～2020年竣（交）工验收试验检测费年价格增长率为1%，2020～2021年竣（交）工验收试验检测费年价格增长率为0.5%；经调查预测2021～2022年小修费年价格增长率为0.5%，则2019～2022年竣（交）工验收试验检测费价格综合增长率＝(1＋1%)×(1＋0.5%)×(1＋0.5%)－1＝2.0%。则竣（交）工验收试验检测费预算指标为：公路＝1500×(1＋2.0%)＝1530元/(km·年)，桥梁＝20×(1＋2.0%)＝20.4元/(延米·年)，隧道＝40×(1＋2.0%)＝40.8元/(延米·年)。

2. 应急养护费：按前三个年度实际发生的应急养护费用的平均值进行预留。本示例预留应急养护费为18000元。

四、养护预算费用

广东省韶关市某县某镇某村2022年度村道养护预算费用总额为1307462元。其中××村道（村道1）养护预算费用总额为901654元；××村道（村道2）养护预算费用总额为405809元。具体详见有关计算表格。

农村公路养护预算总费用汇总表

单位名称：广东省韶关市某县
01 表（单位：元）

序号	行政等级	费用类别											养护预算总费用（元）
		日常养护费				信息化维护费			养护机械设备购置费（元）	养护工程费			
		日常巡查费（元）	日常保养费（元）	小修费（元）	合计（元）	技术状况检测评定费（元）	信息化系统维护费（元）	合计（元）		预防养护费（元）	修复养护费（元）	应急养护费（元）	合计（元）	
1	县道													
1.1	××县道													
1.2	…													
2	乡道													
2.1	××镇													
2.1.1	××乡道													
2.1.2	…													
2.2	××镇													
2.2.1	××乡道													
2.2.2	…													
…	…													
3	村道													
3.1	××镇													
3.1.1	××村道	109226	156203	88747	354176	60406	10000	70406	20000	210658	228414	18000	457072	901654
3.1.2	××村道	33825	56794	48808	139427	20562	10000	30562	20000	0	197820	18000	215820	405809
3.1.3	…													
…	…													
4	合计	143052	212996	137555	493603	80967	20000	100967	40000	210658	426234	36000	672892	1307462

编制：×× 复核：××

注：合计费用为该项所有县道，乡道，村道养护费用的合计。

××村道(村道1)农村公路养护预算编制说明

一、概况

广东省韶关市某县某镇某村××村道(村道1),路线长度为20.8km,公路路基宽度5m(单车道),路面结构为水泥混凝土路面,路线中有桥梁800m/8座、隧道700m/1座以及沿线设施等工程。

二、编制范围

本养护预算编制范围为:2022年韶关市某县某镇某村××村道(村道1)的养护工程预算。包括日常养护预算费(含日常巡查、日常保养和小修费)和养护工程预算费编制等。其中,日常养护路线长度为20.8km,预防养护工程路线长度为3km,修复养护工程路线长度共计4km。

三、养护预算费用

广东省韶关市某县某镇某村××村道××年度养护预算费用总额为901654元。其中,日常养护费354176元;检测评定及信息化维护费70406元;养护机械设备购置费20000元;养护工程费457072元,其中,预防养护费210658元,修复养护费228414元,应急养护费预留18000元。具体内容详见有关计算表格。

××村道(村道1)公路养护预算汇总表

单位名称:广东省韶关市某县　　　　行政等级:村道　　　　　　　　02 表

序号	工程或费用名称	数　　量	金额(元)
一	日常养护费	20.8km	354176
(一)	日常巡查费	20.8km	109226
(二)	日常保养费	20.8km	156203
(三)	小修费	20.8km	88747
二	检测评定及信息化维护费		70406
(四)	技术状况检测评定费	20.8km	60406
(五)	信息化系统维护费		10000
三	养护机械设备购置费		20000
四	养护工程费		457072
(六)	预防养护费	3km	210658
(七)	修复养护费	4km	228414
(八)	应急养护费		18000
五	农村公路养护预算总费用		901654

编制:××　　　　　　　　　　　　　　　　　　　　　　　　　复核:××

注:1. 日常养护费数量:该村道的路线长度。
　　2. 技术状况检测评定数量:该村道的路线长度。
　　3. 小修费数量:该村道的路线长度。
　　4. 预防养护费数量:该村道实际需要预防养护的总长度。
　　5. 修复养护费数量:该村道实际需要修复养护的总长度。

日常养护费计算表

单位名称:广东省韶关市某县　　　　行政等级:村道　　　　　　　　03 表

费用	类别								合计(元)
	公路			桥梁			隧道		
	指标值[元/(km·年)]	数量(km)	金额(元)	指标值[元/(延米·年)]	数量(延米)	金额(元)	指标值[元/(延米·年)]	数量(延米)	金额(元)	
日常巡查费	670	19.3	12921	62	800	49440	67	700	46865	109226
日常保养费	1836	19.3	35435	80	800	63648	82	700	57120	156203
小修费(元)	88747									
合计(元)	354176									

编制:××　　　　　　　　　　　　　　　　　　　　　　　　　复核:××

注:1. 日常巡查费指标值:由历史数据×(1+i),分别为公路670元/(km·年),桥梁62元/(延米·年),隧道67元/(延米·年)。
　　2. 日常保养费指标值:由历史数据×(1+i),分别为公路1836元/(延米·年),桥梁80元/(延米·年),隧道82元/(延米·年)。
　　3. 小修费计算详见06表。
　　4. 公路数量:该村道的路基总长度,即路线总长度 − 桥梁长度 − 隧道长度 = 20.8 − 0.8 − 0.7 = 19.3km。
　　5. 桥梁、隧道数量:该村道桥梁及隧道的总长度。

检测评定及信息化维护费计算表

单位名称:广东省韶关市某县　　　　　行政等级:村道　　　　　　　　04 表

费用	类别									合计(元)
	公路			桥梁			隧道			
	指标值[元/(km·年)]	数量(km)	金额(元)	指标值[元/(延米·年)]	数量(延米)	金额(元)	指标值[元/(延米·年)]	数量(延米)	金额(元)	
技术状况检测评定费	306	19.3	5906	41	800	32800	31	700	21700	60406
信息化系统维护费(元)	10000									
合计(元)	70406									

编制:××　　　　　　　　　　　　　　　　　　　　　　　　　　复核:××

注:1. 技术状况检测评定费指标值:由历史数据×(1+i),分别为公路 306 元/(km·年),桥梁 41 元/(延米·年),隧道 31 元/(延米·年)。

2. 公路数量:该村道的路基总长度,即路线总长度 - 桥梁长度 - 隧道长度 = 20.8 - 0.8 - 0.7 = 19.3km。

3. 桥梁、隧道数量:该村道桥梁及隧道的总长度。

养护设备购置费用表

单位名称:广东省韶关市某县　　　　　行政等级:村道　　　　　　　　05 表

序 号	设备名称	规 格	数 量	单价(元)	总价(元)	备 注
1	车载绿篱机		1 台	20000	20000	
2						
3						
合计(元)	20000					

编制:××　　　　　　　　　　　　　　　　　　　　　　　　　　复核:××

注:示例中设备名称、数量及单价仅为示意,在编制预算时根据实际需要进行编制。

小修费汇总表

单位名称:广东省韶关市某县　　　　　行政等级:村道　　　　　　　　06 表

费用类别	广东省韶关市××县××村道(村道1)养护工程
第 200 章　路基工程	11916
第 300 章　路面工程	11564
第 400 章　桥梁、涵洞工程	22656
第 500 章　隧道工程	31018
第 600 章　交通工程及沿线设施	1775
第 700 章　绿化工程	9817
合计(元)	88747

编制:××　　　　　　　　　　　　　　　　　　　　　　　　　　复核:××

小修工程量清单

单位名称：广东省韶关市某县　　　　　　行政等级：村道　　　　　　07 表

项目编号	项目名称	计量单位	工程量	综合单价（元）	合计（元）	备注
	第 200 章　路基工程					
NXX02100	清理					
NXX02100001	清理零星塌方	m³	13.5	19.493	263.2	参考历史价格
NXX02110	维修					
NXX02110002	边沟、排水沟、截水沟、急流槽维修	m	150	62.115	9317.3	参考历史价格
NXX02110005	边坡整理	m²	56	3.535	198.0	参考历史价格
NXX02110007	增设盲沟	m	49	43.632	2138.0	参考历史价格
	第 200 章　合计				11916.3	
	第 300 章　路面工程					
NXX03120	沥青混凝土路面维修					
NXX03120004	波浪、搓板、拥包、泛油处理	m²	236	30.906	7293.8	参考历史价格
	第 300 章　合计				11564.0	
	第 400 章　桥梁、涵洞工程（桥梁 400/4 座）					
NXX04100	桥面系维修					
NXX04100001	修复桥面铺装					
NXX041000010002	沥青混凝土桥面	m²	20.5	135.34	2774.5	参考历史价格
NXX04100002	修复排水系统					
NXX041000020001	泄水管	套	2	55.55	111.1	参考历史价格
NXX04100006	护栏刷漆	m	20	45.652	913.0	参考历史价格
	第 400 章　合计				22656.4	

续上表

项目编号	项目名称	计量单位	工程量	综合单价（元）	合计（元）	备注
第 500 章　隧道工程						
NXX05110	隧道维修					
NXX05110001	洞口					
NXX051100010001	杂草清理	m²	62	10.1	626.2	参考历史价格
NXX051100020002	砂浆抹面	m²	45	45.5	2045.3	参考历史价格
NXX05110004	洞内衬维护	m²	88.5	52.7	4665.9	参考历史价格
	第 500 章　合计				31017.9	
第 600 章　交通工程及沿线设施						
NXX06100	交通安全设施清洁维护					
NXX06100001	公路交通标志清洁维护					
NXX061000010004	单悬臂式交通标志维护	块	4	292.9	1171.6	参考历史价格
NXX061000010006	附着式交通标志维护	块	3	111.1	333.3	参考历史价格
NXX06150	公路交通标线局部修复					
NXX06150001	旧标线清除	m²	15	18.18	270.0	参考历史价格
	第 600 章　合计				1774.9	
第 700 章　绿化工程						
NXX07100	绿化补植					
NXX07100003	草皮补植	m²	130	36.36	4726.8	参考历史价格
NXX07110	绿化专项费用					
NXX07110002	边坡绿化养护	m²	72	70.7	5090.4	参考历史价格
	第 700 章　合计				9817.2	

编制：×× 　　　　　　　　　　　　　　　　　　　　　　　复核：××

注：表中综合单价即为前文计算所得预算单价。

养护工程费汇总表

单位名称：广东省韶关市某县　　　　行政等级：村道　　　　08 表

费用类别			广东省韶关市××县××村道养护工程
一、预防养护费			210658
1	建筑安装工程费	第100章　总则	17200
		第200章　路基工程	0
		第300章　路面工程	177791
		第400章　桥梁工程	0
		第500章　隧道工程	0
		第600章　交通工程及沿线设施	0
		第700章　绿化工程	0
		小计	194991
2	前期工作费		11077
3	竣(交)工验收试验检测费		4590
二、修复养护费			228414
1	建筑安装工程费	第100章　总则	33188
		第200章　路基工程	159401
		第300章　路面工程	17739
		第400章　桥梁工程	0
		第500章　隧道工程	0
		第600章　交通工程及沿线设施	0
		第700章　绿化工程	0
		小计	210328
2	前期工作费		11966
3	竣(交)工验收试验检测费		6120
三、应急养护费			18000
合计(元)			457072

编制：××　　　　　　　　　　　　　　　　　　　　　　　　　　　复核：××

注：1. 前期工作费：按照本办法表 3.5.7 费率标准及养护建筑安装工程费，按照一阶段设计进行计算，计算过程如下：
　　(1) 预防养护前期工作费 = 19.6759 × 5.63% = 1.1077 万元；
　　(2) 修复养护前期工作费 = 1.13 + 1.3223 × 5.04% = 1.1966 万元。
　2. 竣(交)工验收试验检测费：由历史数据 × (1 + i) × 养护数量，计算过程如下：
　　(1) 预防养护竣(交)工验收试验检测费 = 1530 × 3.0 = 4590 元；
　　(2) 修复养护竣(交)工验收试验检测费 = 1530 × 4.0 = 6120 元。
　3. 按该镇前三个年度实际发生的应急养护费用的平均值进行预留。本示例预留应急养护费为 18000 元。

养护工程工程量清单(预防性养护)

项目名称:广东省韶关市某县某乡道预防性养护工程(路线全长3.0km)　　09 表

项目编号	项目名称	计量单位	工程量	综合单价(元)	合计(元)	备注
第 100 章　总则						
NYH01100	通则					
NYH01100001	保险费					
NYH011000010001	按合同条款规定,提供建筑工程一切险	总额	1	533	533	以建筑安装工程费3‰计列
NYH011000010002	按合同条款规定,提供第三方责任险	总额	1	0.0	0.0	与建筑工程一切险合并计列
NYH01110	工程管理					
NYH01110001	施工环保费	总额	1	4000.0	4000.0	
NYH01110002	养护保通费	总额				
NYH01110003	安全生产费	总额	1	2667.0	2667.0	以建筑安装工程费1.5%计列
NYH01120	临时工程					
NYH01120001	临时便道	m				
NYH01120002	临时便桥	m				
NYH01120003	临时工程用地	亩				
NYH01130	承包人驻地建设	总额	1	10000.0	10000.0	
第 100 章　合计					17200.0	
第 300 章　路面工程						
NYH03100	破碎及修复旧路面					
NYH03100001	水泥混凝土路面					
NYH031000010007	更换填缝料	m³	2088.2	13.6	28472.6	参考历史价格
NYH03180	修复或加铺透层、黏层和封层					
NYH031800003	封层					
NYH0318000030002	稀浆封层	m²	8400	17.8	149318.4	参考历史价格
第 300 章　合计					177791	

编制：××　　　　　　　　　　　　　　　　　　　　　　　　　　　　复核：××

注:表中综合单价即为前文计算所得预算单价。

养护工程工程量清单(修复性养护)

项目名称:广东省韶关市某县某乡道(路线全长4.0km)　　　　　　　　09 表

项目编号	细目名称	计量单位	工程量	综合单价(元)	合计(元)	备注
第 100 章　总则							
NYH01100	通则					
NYH01100001	保险费					
NYH011000010001	按合同条款规定,提供建筑工程一切险	总额	1	531.0	531.0	以建筑安装工程费3‰计列
NYH011000010002	按合同条款规定,提供第三方责任险	总额	1	0.0	0.0	与建筑工程一切险合并计列
NYH01110	工程管理					
NYH01110001	施工环保费	总额	1	10000.0	10000.0	
NYH01110002	养护保通费	总额				
NYH01110003	安全生产费	总额	1	2657.0	2657.0	以建筑安装工程费1.5%计列
NYH01120	临时工程					
NYH01120001	临时便道	m				
NYH01120002	临时便桥	m				
NYH01120003	临时工程用地	亩				
NYH01130	承包人驻地建设	总额	1	20000.0	20000.0	
第 100 章　合计					33188.0	
第 200 章　路基工程							
NYH02120	局部维修挖方					
NYH021200001	挖土方	m³	13.4	10.3	138.0	参考历史价格
NYH021200002	挖石方	m³	5.6	50.5	282.8	参考历史价格
NYH02150	修复或完善排水设施					
NYH021500001	边沟	m	1543.2	103.0	158980.5	参考历史价格
第 200 章　合计					159401.3	
第 300 章　路面工程							
NYH03100	挖除、铣刨、破碎旧路面					
NYH03100001	水泥混凝土路面					
NYH031000010004	挖除	m³	23.5	147.4	3462.9	参考历史价格
NYH031000010005	破板修复					
NYH0310000100050001	水泥混凝土	m³	46	192.3	8846.0	参考历史价格
NYH03130	变形类病害处治					
NYH03130003	波浪处治	m²	160	33.9	5429.8	参考历史价格
第 300 章　合计					17738.7	

编制:××　　　　　　　　　　　　　　　　　　　　　　　　　　复核:××

注:表中综合单价即为前文计算所得预算单价。

××村道(村道2)农村公路养护预算编制说明

一、概况

广东省韶关市某县某镇某村××村道,路线长度为14.0km,公路路基宽度5m(单车道),路面结构为水泥混凝土路面,路线中有桥梁400m/4座以及沿线设施等工程。

二、编制范围

本养护预算编制范围为:2022年韶关市某县某镇某村××村道(村道2)的养护工程预算。包括日常养护预算费(含日常巡查、日常保养和小修费)和养护工程预算费编制等。其中,日常养护路线长度为14.0km,预防养护工程路线长度为0km,修复养护工程路线长度共计3km。

三、养护预算费用

广东省韶关市某县某镇某村××村道××年度养护预算费用总额为405809元。其中,日常养护费139427元;检测评定及信息化维护费30562元;养护机械设备购置费20000元;养护工程费215820元,其中预防养护费0元,修复养护费197820元,应急养护费预留18000元。具体内容详见有关计算表格。

××村道(村道2)公路养护预算汇总表

单位名称:广东省韶关市某县　　　　　行政等级:村道　　　　　　　　02 表

序号	工程或费用名称	数量(km)	金额(元)
一	日常养护费	14.0	139427
(一)	日常巡查费	14.0	33825
(二)	日常保养费	14.0	56794
(三)	小修费	14.0	48808
二	检测评定及信息化维护费		30562
(四)	技术状况检测评定费	14.0	20562
(五)	信息化系统维护费		10000
三	养护机械设备购置费		20000
四	养护工程费		215820
(六)	预防养护费	0	0
(七)	修复养护费	3	197820
(八)	应急养护费		18000
五	农村公路养护预算总费用		405809

编制:××　　　　　　　　　　　　　　　　　　　　　　　　复核:××

注:1. 日常养护费数量:该村道的路线长度。
　　2. 技术状况检测评定数量:该村道的路基总长度,即路线总长度 − 桥梁长度 − 隧道长度 = 14.0 − 0.4 = 13.6km。
　　3. 预防养护费数量:该村道实际需要预防养护的总长度。
　　4. 修复养护费数量:该村道实际需要修复养护的总长度。

日常养护费计算表

单位名称:广东省韶关市某县　　　　　行政等级:村道　　　　　　　　03 表

费用	类别									合计(元)
	公路			桥梁			隧道			
	指标值[元/(km·年)]	数量(km)	金额(元)	指标值[元/(延米·年)]	数量(延米)	金额(元)	指标值[元/(延米·年)]	数量(延米)	金额(元)	
日常巡查费	670	13.6	9105	62	400	24720	67	0	0	33825
日常保养费	1836	13.6	24970	80	400	31824	82	0	0	56794
小修费(元)	48808									
合计(元)	139427									

编制:××　　　　　　　　　　　　　　　　　　　　　　　　复核:××

注:1. 日常巡查费指标值:由历史数据×(1+i),分别为公路670元/(km·年),桥梁62元/(延米·年),隧道67元/(延米·年)。
　　2. 日常保养费指标值:由历史数据×(1+i),分别为公路1836元/(延米·年),桥梁80元/(延米·年),隧道82元/(延米·年)。
　　3. 小修费计算详见06表。
　　4. 公路数量:该村道的路基总长度,即路线总长度 − 桥梁长度 − 隧道长度 = 14.0 − 0.4 = 13.6km。
　　5. 桥梁、隧道数量:该村道桥梁及隧道的总长度。

检测评定及信息化维护费计算表

单位名称：广东省韶关市某县　　　　行政等级：村道　　　　　　　　04 表

费用	类　　别									合计（元）
	公路			桥梁			隧道			
	指标值 [元/(km·年)]	数量 (km)	金额 (元)	指标值 [元/(延米·年)]	数量 (延米)	金额 (元)	指标值 [元/(延米·年)]	数量 (延米)	金额 (元)	
技术状况评定费	306	13.6	4162	41	400	16400	31	0	0	20562
信息化系统维护费（元）	10000								
合计（元）	30562								

编制：××　　　　　　　　　　　　　　　　　　　　　　　　　　复核：××

注：1. 技术状况检测评定费指标值：由历史数据×(1+i)，分别为公路306元/(km·年)，桥梁41元/(延米·年)，隧道31元/(延米·年)。
　　2. 公路数量：该村道的路基总长度，即路线总长度−桥梁长度−隧道长度＝20.8−0.8−0.7＝19.3km。
　　3. 桥梁、隧道数量：该村道桥梁及隧道的总长度。

养护设备购置费用表

单位名称：广东省韶关市某县　　　　行政等级：村道　　　　　　　　05 表

序　号	设备名称	规　格	数　量	单价(元)	总价(元)	备　注
1	车载绿篱机		1台	20000	20000	
2						
3						
合计（元）	20000					

编制：××　　　　　　　　　　　　　　　　　　　　　　　　　　复核：××

注：示例中设备名称、数量及单价仅为示意，在编制预算时根据实际需要进行编制。

小修费汇总表

单位名称：广东省韶关市某县　　　　行政等级：村道　　　　　　　　06 表

费用类别	广东省韶关市××县××村道养护工程
第200章　路基工程	30848
第300章　路面工程	7294
第400章　桥梁、涵洞工程	3799
第500章　隧道工程	0
第600章　交通工程及沿线设施	1778
第700章　绿化工程	5090
合计（元）	48808

编制：××　　　　　　　　　　　　　　　　　　　　　　　　　　复核：××

小修工程量清单

单位名称：广东省韶关市某县　　　　行政等级：村道　　　　07 表

项目编号	项目名称	计量单位	工程量	综合单价（元）	合计（元）	备注
第 200 章　路基工程						
NXX02100	清理					
NXX02100001	清理零星塌方	m³	13.5	13.635	184.1	参考历史价格
NXX02110	维修					
NXX02110002	边沟、排水沟、截水沟、急流槽维修	m	150	151.5	22725.0	参考历史价格
NXX02110005	边坡整理	m²	56	56.56	3167.4	参考历史价格
NXX02110006	土路肩修整	m²	48.2	48.682	2346.5	
NXX02110007	增设盲沟	m	49	49.49	2425.0	参考历史价格
第 200 章　合计					30847.9	
第 300 章　路面工程						
NXX03120	沥青混凝土路面维修					
NXX03120004	波浪、搓板、拥包、泛油处理	m²	236	30.9	7293.8	参考历史价格
NXX03140	缘石、侧石、平石维修					
第 300 章　合计					7293.8	
第 400 章　桥梁、涵洞工程（桥梁400/4 座）						
NXX04100	桥面系维修					
NXX04100001	修复桥面铺装					
NXX041000010002	沥青混凝土桥面	m²	20.5	135.3	2774.5	参考历史价格
NXX04100002	修复排水系统					
NXX041000020001	泄水管	套	2	55.6	111.1	参考历史价格
NXX04100006	护栏刷漆	m	20	45.7	913.0	参考历史价格
NXX04110	桥梁下部结构维修					
NXX04110001	墩台及基础					
第 400 章　合计					3798.6	
第 600 章　交通工程及沿线设施						
NXX06100	交通安全设施清洁维护					
NXX06100001	公路交通标志清洁维护					
NXX061000010004	单悬臂式交通标志维护	块	4	292.9	1171.6	参考历史价格
NXX061000010006	附着式交通标志维护	块	3	111.1	333.3	参考历史价格
NXX06150	公路交通标线局部修复					
NXX06150001	旧标线清除	m²	15	18.2	272.7	参考历史价格
第 600 章　合计					1777.6	
第 700 章　绿化工程						
NXX07100	绿化补植					
NXX07100003	草皮补植	m²	130	36.4	4726.8	参考历史价格
NXX07110	绿化专项费用					
NXX07110002	边坡绿化养护	m²	72	70.7	5090.4	参考历史价格
第 700 章　合计					9817.2	

编制：×× 　　　　　　　　　　　　　　　　　　　　　　　复核：××

注：表中综合单价即为前文计算所得预算单价。

养护工程费汇总表

单位名称：广东省韶关市某县　　　　行政等级：村道　　　　08 表

费 用 类 别			广东省韶关市××县××村道养护工程
一、预防养护费			0
1	建筑安装工程费	第100章　总则	0
		第200章　路基工程	0
		第300章　路面工程	0
		第400章　桥梁工程	0
		第500章　隧道工程	0
		第600章　交通工程及沿线设施	0
		第700章　绿化工程	0
		小计	0
2	前期工作费		0
3	竣(交)工验收试验检测费		0
二、修复养护费			197820
1	建筑安装工程费	第100章　总则	27518
		第200章　路基工程	103585
		第300章　路面工程	51820
		第400章　桥梁工程	0
		第500章　隧道工程	0
		第600章　交通工程及沿线设施	0
		第700章　绿化工程	0
		小计	182923
2	前期工作费		10307
3	竣(交)工验收试验检测费		4590
三、应急养护费			18000
合计(元)			215820

编制：×× 　　　　　　　　　　　　　　　　　　　　　　　　　　复核：××

注：1. 前期工作费：按照本办法表3.5.7的费率标准及养护建筑安装工程费，按照一阶段设计进行计算，计算过程如下：修复养护前期工作费 = 18.3086 × 5.63% = 1.0307 万元。

2. 竣(交)工验收试验检测费：由历史数据×(1+i)×养护数量，计算过程如下：修复养护竣(交)工验收试验检测费 = 1530 × 3.0 = 4590 元。

3. 按该镇前三个年度实际发生的应急养护费用的平均值进行预留。本示例预留应急养护费为18000元。

养护工程工程量清单(修复性养护)

项目名称:广东省韶关市某县某乡道(路线全长3.0km)   09表

项目编号	细目名称	计量单位	工程量	综合单价(元)	合计(元)	备注
第100章 总则							
NYH01100	通则					
NYH01100001	保险费					
NYH011000010001	按合同条款规定,提供建筑工程一切险	总额	1	187	187	以建筑安装工程费3‰计列
NYH011000010002	按合同条款规定,提供第三方责任险	总额	1	0	0	与建筑工程一切险合并计列
NYH01110	工程管理					
NYH01110001	施工环保费	总额	1	10000	10000.0	
NYH01110002	养护保通费	总额				
NYH01110003	安全生产费	总额	1	2331	2331	以建筑安装工程费1.5%计列
NYH01120	临时工程					
NYH01120001	临时便道	m				
NYH01120002	临时便桥	m				
NYH01120003	临时工程用地	亩				
NYH01130	承包人驻地建设	总额	1	15000	15000.0	
	第100章 合计				27868	
第200章 路基工程							
NYH02120	局部维修挖方					
NYH021200001	挖土方	m³	15.6	10.302	160.7	参考历史价格
NYH02150	修复或完善排水设施					
NYH02150002	排水沟	m	1024	101	103424.0	参考历史价格
	第200章 合计				103584.7	
第300章 路面工程							
NYH03100	挖除、铣刨、破碎旧路面					
NYH031000010005	破板修复					
NYH0310000100050002	沥青混凝土加铺	m³	23.6	1515	35754	参考历史价格
NYH03100002	沥青混凝土路面					
NYH031000020001	铣刨	m³	10.4	137.158	1426.4	参考历史价格
NYH031000020003	纵横向裂缝维修	m	59	13.534	798.5	参考历史价格
NYH03130	变形类病害处治					
NYH03130002	车辙处治	m²	250	36.36	9090	
NYH03130003	波浪处治	m²	140	33.936	4751.0	参考历史价格
	第300章 合计				51820.0	

编制:×× 复核:××

注:表中综合单价即为前文计算所得预算单价。

C.3.2 广东省农村公路养护预算编制示例2

广东省韶关市某县某镇农村公路(村道)养护预算编制示例(以汇总养护数量为例)

编　　制:(签字)_____
复　　核:(签字)_____
编制单位:(盖章)_____
编制时间:_____年_____月_____日

目 录

1　编制说明
2　农村公路养护预算总费用汇总表(01 表)
3　农村公路养护预算汇总表(02 表)
4　日常养护费计算表(03 表)
5　检测评定及信息化维护费计算表(04 表)
6　养护机械设备购置费用表(05 表)
7　小修费汇总表(06 表)
8　小修工程量清单(07 表)
9　养护工程费汇总表(08)
10　养护工程工程量清单(09 表)

编制总说明

一、概况

广东省韶关市某县某镇 6 个行政村村道(共包含 20 条村道),路线长度合计为 348.8km(其中单车道公路线长度 125.8km,两车道公路线长度 223.0km)。路线中有两车道桥梁 3600m/36 座、两车道隧道 2800m/4 座以及沿线设施等工程,路面结构包括水泥混凝土路面、沥青混凝土路面。

二、编制范围

本养护预算编制范围为:2023 年韶关市某县某镇 6 个行政村村道(共包含 20 条村道)养护工程预算的编制。包括日常养护预算费(含日常巡查、日常保养和小修费)和养护工程预算费编制等。其中日常养护预算编制范围为 6 个行政村村道的所有村道(路线长度 348.8km),预防养护工程预算编制范围为 6 个行政村村道的部分路段(路线长度共计 7.7km,全为单车道公路,无桥梁隧道),修复养护工程预算编制范围为 6 个行政村村道的部分路段(路线长度共计 15.0km,全为单车道,无桥梁隧道)。

三、费用计算

(一)日常养护费

日常养护费包括日常巡查费、日常保养费和小修费。

1. 日常巡查和日常保养费:由于缺乏有关历史数据,日常巡查和保养费参考本办法表 3.2.4。经调查估计,2021~2022 年日常巡查和日常保养费年价格增长率为 1.5%;经调查预测,2022~2023 年日常巡查和日常保养费年价格增长率为 1.0%,则 2021~2023 年日常巡查和日常保养费价格综合增长率 =(1+1.5%)×(1+1%)-1=2.5%(价格综合增长率的计算方式详见本办法第 3.2.4 条的条文说明),以表 3.2.4 指标为基础,结合车道差异系数与价格综合增长率,计算得单车道村道日常巡查和日常保养费预算指标为:公路 =2289.9×(1+2.5%)×1.0=2347.1 元/(km·年),桥梁 =111.0×(1+2.5%)×1.0=113.8 元/(延米·年),隧道 =121.1×(1+2.5%)×1.0=124.1 元/(延米·年);两车道村道日常巡查和日常保养费预算指标为:公路 =2289.9×(1+2.5%)×1.22=2863.5 元/(km·年),桥梁 =111.0×(1+2.5%)×1.22=2138.8 元/(延米·年),隧道 =121.1×(1+2.5%)×1.22=151.4 元/(延米·年)。

2. 小修费:由于缺乏历史数据,小修费用清单指标参考本办法 B.1。经调查估计,2021~2022 年小修费年价格增长率为 0.08%;经调查预测,2022~2023 年小修费年价格增长率为 0.07%,则 2021~2023 年小修费价格综合增长率 =(1+0.8%)×(1+0.7%)-1=1.5%,小修费用清单预算单价如下表,例如:清理零星塌方预算单价 =15.3×(1+1.5%)=15.5295 元。

项目编号	项目名称	计量单位	历史单价（元）	清单单价（元）	价格综合增长率（%）	预算单价（元）	备 注
第 200 章　路基工程							
NXX02100	清理						
NXX02100001	清理零星塌方	m³		15.3	1.5	15.5295	参考清单单价
NXX02110	维修						
NXX02110002	边沟、排水沟、截水沟、急流槽维修	m		58.5	1.5	59.3775	参考清单单价
NXX02110005	边坡整理	m²		4.6	1.5	4.669	参考清单单价
NXX02110006	土路肩修整	m²		4.4	1.5	4.466	参考清单单价
NXX02110007	增设盲沟	m		74.7	1.5	75.8205	参考清单单价
第 300 章　路面工程							
NXX03110	水泥混凝土路面维修						
NXX03110001	破板修复						
NXX031100010001	破板凿除	m³		165	1.5	167.475	参考清单单价
NXX031100010002	水泥混凝土修复	m³		880	1.5	893.2	参考清单单价
NXX03110002	水泥混凝土路面板底						
NXX031100020001	灌（注）浆	m³		770	1.5	781.55	参考清单单价
NXX03110004	裂缝灌缝	m		11.2	1.5	11.368	参考清单单价
NXX03120	沥青混凝土路面维修						
NXX03120001	纵横向裂缝维修	m		13.8	1.5	14.007	参考清单单价
NXX03120004	波浪、搓板、拥包、泛油处理	m²		34.7	1.5	35.2205	参考清单单价
NXX03140	缘石、侧石、平石维修						
NXX03140001	刷漆	m		17.4	1.5	17.661	参考清单单价
NXX03140002	维修与更换	m		55.1	1.5	55.9265	参考清单单价
第 400 章　桥梁、涵洞工程（桥梁 3600m/36 座）							
NXX04100	桥面系维修						
NXX04100001	修复桥面铺装						
NXX041000010002	沥青混凝土桥面	m²		145.8	1.5	147.987	参考清单单价
NXX04100002	修复排水系统						
NXX041000020001	泄水管	套		62.9	1.5	63.8435	参考清单单价
NXX04100003	修补人行道、护栏	m		161.7	1.5	164.1255	参考清单单价
NXX04100004	桥上灯柱维护	个		56.2	1.5	57.043	参考清单单价

续上表

项目编号	项目名称	计量单位	历史单价（元）	清单单价（元）	价格综合增长率（％）	预算单价（元）	备注
第 400 章　桥梁、涵洞工程（桥梁 3600m/36 座）							
NXX04100005	维护伸缩装置	m		99.3	1.5	100.7895	参考清单单价
NXX04100006	护栏刷漆	m		43.1	1.5	43.7465	参考清单单价
NXX04110	桥梁下部结构维修						
NXX04110001	墩台及基础						
NXX041100010001	混凝土浇筑修补	m³		787.4	1.5	799.211	参考清单单价
NXX041100010002	砖砌修补	m³		300	1.5	304.5	参考清单单价
第 500 章　隧道工程（隧道 2800m/4 座）							
NXX05100	隧道清洁维护						
NXX05100001	顶板和内装清洁	m²		42.7	1.5	43.3405	参考清单单价
NXX05110	隧道维修						
NXX05110001	洞口						
NXX051100010001	杂草清理	m²		8.4	1.5	8.526	参考清单单价
NXX051100010002	落物清理	m²		5.6	1.5	5.684	参考清单单价
NXX05110002	洞身						
NXX051100020002	砂浆抹面	m²		42.1	1.5	42.7315	参考清单单价
NXX05110003	排水设施	m					
NXX05110004	洞内衬维护	m²		58	1.5	58.87	参考清单单价
第 600 章　交通工程及沿线设施							
NXX06100	交通安全设施清洁维护						
NXX06100001	公路交通标志清洁维护						
NXX061000010001	单柱式交通标志维护	块		98.1	1.5	99.5715	参考清单单价
NXX061000010004	单悬臂式交通标志维护	块		293	1.5	297.395	参考清单单价
NXX06140	公路交通标志维修						
NXX06140003	示警桩维修						
NXX061400030001	更换	根		92.8	1.5	94.192	参考清单单价
NXX061400030002	油漆	根		31.9	1.5	32.3785	参考清单单价
第 700 章　绿化工程							
NXX07100	绿化补植						
NXX07100003	草皮补植	m²		33.2	1.5	33.698	参考清单单价
NXX07110	绿化专项费用						
NXX07110002	边坡绿化养护	m²		17.2	1.5	17.458	参考清单单价

（二）检测评定及信息化维护费

检测评定及信息化维护费包括技术状况检测评定费和信息化系统维护费。

1. 技术状况检测评定费用：由于缺乏历史数据，费用指标参考本办法表3.3.2。经调查估计，2021~2022年技术状况检测评定费年价格增长率为0.6%；经调查预测，2022~2023年技术状况检测评定费年价格增长率为0.4%，则2021~2023年技术状况检测评定费价格综合增长率 = $(1+0.6\%) \times (1+0.4\%) - 1 = 1.0\%$（价格综合增长率的计算方式详见本办法第3.2.4条的条文说明）。以表3.3.2为基础，结合车道差异系数与价格综合增长率，计算得单车道村道技术状况检测评定费指标为：公路 = $262 \times (1+1\%) \times 1 = 264.6$ 元/(km·年)，两车道技术状况检测评定费指标公路 = $262 \times (1+1\%) \times 1.22 = 322.8$ 元/(km·年)；按专业化检测评定费用预估单车道村道技术状况检测评定费指标为：桥梁40元/(延米·年)，隧道30元/(延米·年)，预估两车道村道技术状况检测评定费指标为：桥梁50元/(延米·年)，隧道40元/(延米·年)。

2. 信息化系统维护费：由于缺乏历史数据，根据项目所在地交通运输主管部门有关规定和养护管理单位实际需要，本示例按20000元计列。

（三）养护机械设备购置费

根据需要，计划购买车载绿篱机2台，购置费40000元。

（四）养护工程费

1. 预防养护费和修复养护费。

（1）由于缺乏有关历史数据，养护工程费用清单指标参考本办法B.1。经调查估计，2021~2022年技术状况检测评定费年价格增长率为1%；经调查预测，2022~2023年技术状况检测评定费年价格增长率为1.5%，则2021~2023年技术状况检测评定费价格综合增长率 = $(1+1\%) \times (1+1.5\%) - 1 = 2.5$（价格综合增长率的计算方式详见本办法第3.2.4条的条文说明）。养护工程费用清单预算单价如下表，例如：挖土方预算单价 = $138 \times (1+2.5\%) = 141.5$ 元。

项目编号	项目名称	计量单位	历史单价（元）	清单单价（元）	价格综合增长率（%）	预算单价（元）	备注
第200章 路基工程							
NYH02120	局部维修挖方						
NYH021200001	挖土方	m³		138	2.5	141.5	参考清单单价
NYH021200002	挖石方	m³		282.8	2.5	289.9	参考清单单价
NYH02140	路基处治						
NYH02140001	路基翻浆处治						
NYH021400010002	增设盲沟	m		70.2	2.5	72.0	参考清单单价
NYH02150	修复或完善排水设施						
NYH021500001	边沟	m		500	2.5	512.5	参考清单单价

续上表

项目编号	项目名称	计量单位	历史单价（元）	清单单价（元）	价格综合增长率（%）	预算单价（元）	备注
第 200 章　路基工程							
NYH02160	修复或完善防护工程						
NYH02160010	修复或完善护面墙						
NYH021600100002	混凝土护面墙	m³		818.6	2.5	839.1	参考清单单价
第 300 章　路面工程							
NYH03100	挖除、铣刨、破碎旧路面						
NYH03100001	水泥混凝土路面						
NYH031000010006	水泥混凝土路面板底灌（注）浆	m³		700	2.5	717.5	参考清单单价
NYH031000010007	更换填缝料	m³		12.1	2.5	12.4	参考清单单价
NYH031000010005	破板修复						
NYH0310000100050001	水泥混凝土	m³		800	2.5	820.0	参考清单单价
NYH03100002	沥青混凝土路面						
NYH031000020001	铣刨	m³		138.5	2.5	142.0	参考清单单价
NYH03110	裂缝类病害处治						
NYH03110001	龟裂处治	m²		41.7	2.5	42.7	参考清单单价
NYH03180	修复或加铺透层、黏层和封层						
NYH031800003	封层						
NYH0318000030001	表处封层	m²		8	2.5	8.2	参考清单单价
NYH0318000030002	稀浆封层	m²		15	2.5	15.4	参考清单单价
NYH03130	变形类病害处治						
NYH03130002	车辙处治	m²		36	2.5	36.9	参考清单单价
NYH03130003	波浪处治	m²		31.5	2.5	32.3	参考清单单价

（2）保险费中的工程一切险与第三方责任险合并按建筑安装工程费（不含清单总则 100 章费用）的 3‰ 计。

（3）安全生产费：按建筑安装工程费（不含清单总则 100 章费用）的 1.5% 计算。

（4）前期工作费：按照本办法表 3.5.7 计算。

（5）竣（交）工验收试验检测费：由于缺乏历史数据，参考本办法表 3.5.8 计算。经调查估计，2021～2022 年竣（交）工验收试验检测费年价格增长率为 0.5%；经调查预测 2022～2023 年小修费年价格增长率为 0.5%，则 2021～2023 年竣（交）工验收试验检测费价格综合增长率 =（1 + 0.5%）×（1 + 0.5%）- 1 = 1.0%。以表 3.5.8 为基础，结合价格综合增长率与表 3.5.8 注释 2 规则，计算得单车道村道竣(交)工验收试验检测费预算指标为：公路 = 1400 × (1 + 1%) = 1414 元/(km·年)，桥梁 = 22 × (1 + 1%) = 22.2 元/(延米·年)，隧道 = 44 × (1 + 1%) = 44.4 元/(延米·年)；两车道村道竣(交)工验收试验检测费预算指标为公路 = 1400 × (1 + 1%) × (1 + 10%) = 1555.4 元/(km·年)，桥梁 = 22 × (1 + 1%) × (1 + 15%) = 25.6 元/(延米·年)，隧道 = 44 × (1 + 1%) × (1 + 15%) = 51.1 元/(延米·年)。

2.应急养护费：按该镇前三个年度实际发生的应急养护费用的平均值进行预留。本示例预留应急养护费为 28000 元。

四、养护预算费用

广东省韶关市某县某镇 6 个行政村村道(共包含 20 条村道) ××年度养护预算费用总额为 4758468 元。其中日常养护费 2557739 元；检测评定及信息化维护费 415427 元；养护机械设备购置费 40000 元；养护工程费 1745303 元，其中预防养护费 315204 元，修复养护费 1402099 元，应急养护费预留 28000 元。具体内容详见有关计算表格。

农村公路养护预算总费用汇总表

单位名称：广东省韶关市某县　　　　　　　　　　　　　　　　　　　　　　　　　　　01 表（单位：元）

序号	行政等级	费用类别											
		日常养护费			信息化维护费			养护机械设备购置费	养护工程费				养护预算总费用
		日常巡查费	日常保养费	小修费	合计	技术状况检测评定费	信息化系统维护费	合计		预防养护费	修复养护费	应急养护费	合计	
1	县道													
2	乡道													
2.1	××镇													
2.2	××镇													
2.3	…													
2.4	…													
3	村道	1839958		717781	2557739	395427	20000	415427	40000	315204	1402099	28000	1745303	4758469
3.1	××镇	1839958		717781	2557739	395427	20000	415427	40000	315204	1402099	28000	1745303	4758469
3.2	××镇													
3.3	…													
3.4	…													
4	合计	1839958		717781	2557739	395427	20000	415427	40000	315204	1402099	28000	1745303	4758469

编制：×× 　　　　　　　　　　　　　　　　　　　　　　　　　　　　　复核：××

注：合计费用为该项所有县道、乡道、村道养护费用的合计。

农村公路养护预算汇总表

单位名称：广东省韶关市某县　　　　　行政等级：村道　　　　　　　02 表

序号	工程或费用名称	数量(km)	金额(元)
一	日常养护费	348.8	2557739
(一)	日常巡查费	348.8	1839958
(二)	日常保养费	348.8	
(三)	小修费	348.8	717781
二	检测评定及信息化维护费		415428
(四)	技术状况检测评定费	342.4	395428
(五)	信息化系统维护费		20000
三	养护机械设备购置费		40000
四	养护工程费		1745303
(六)	预防养护费	7.7	315204
(七)	修复养护费	15.0	1402099
(八)	应急养护费		28000
五	农村公路养护预算总费用		4758469

编制：××　　　　　　　　　　　　　　　　　　　　　　　　　　复核：××

注：1. 日常养护费数量：镇整个村公路线总长度。
2. 技术状况检测评定数量：镇整个村公路基总长度，即路线总长度 − 桥梁长度 − 隧道长度 = 348.8 − 3.6 − 2.8 = 342.4km。
3. 预防养护费数量：镇整个村道实际需要预防养护的总长度。
4. 修复养护费数量：镇整个村道实际需要修复养护的总长度。

日常养护费计算表

单位名称：广东省韶关市某县　　　　　行政等级：村道　　　　　　　03 表

费用	类别								合计(元)
	公路			桥梁			隧道		
	指标值[元/(km·年)]	数量(km)	金额(元)	指标值[元/(延米·年)]	数量(延米)	金额(元)	指标值[元/(延米·年)]	数量(延米)	金额(元)
日常巡查和保养费(单车道)	2347.1	125.8	295265	113.8	0	0	124.1	0	0	295265
日常巡查和保养费(两车道)	2863.5	216.9	621093	138.8	3600	499680	151.4	2800	423920	1544693
小修费(元)	717781								
合计(元)	2557739								

编制：××　　　　　　　　　　　　　　　　　　　　　　　　　　复核：××

注：1. 日常巡查和保养费指标值：由本办法表 3.2.4 指标值×车道差异调整系数×(1 + 价格综合增长率)得到，单车道村道日常巡查和日常保养费预算指标为公路 2347.1 元/(km·年)，桥梁 113.8 元/(延米·年)，隧道 124.1 元/(延米·年)；两车道村道日常巡查和日常保养费预算指标为公路 2863.5 元/(km·年)，桥梁 138.8 元/(延米·年)，隧道 151.4 元/(延米·年)。
2. 小修费计算详见下表。
3. 公路数量：镇整个村公路基总长度，即单车公路线总长度 − 桥梁长度 − 隧道长度 = 125.8 − 0 − 0 = 125.8km；两车公路线总长度 − 桥梁长度 − 隧道长度 = 223.3 − 3.6 − 2.8 = 216.9km。
4. 桥梁、隧道数量：镇整个村道桥梁及隧道的总长度。

检测评定及信息化维护费计算表

单位名称:广东省韶关市某县　　　　　行政等级:村道　　　　　　　　04 表

费用	类　　别									合计（元）
	公路			桥梁			隧道			
	指标值[元/(km·年)]	数量(km)	金额(元)	指标值[元/(延米·年)]	数量(延米)	金额(元)	指标值[元/(延米·年)]	数量(延米)	金额(元)	
技术状况检测评定费（单车道）	265.6	125.8	33412	40.0	0.0	0	30.0	0.0	0	33412
技术状况检测评定费（两车道）	322.8	216.9	70015	50.0	3600.0	180000	40.0	2800.0	112000	362015
信息化系统维护费(元)	20000									
合计(元)	415428									

编制:××　　　　　　　　　　　　　　　　　　　　　　　　　复核:××

注:1. 公路数量:镇整个村公路基总长度,即单车公路线总长度－桥梁长度－隧道长度＝125.8－0－0＝125.8km；两车公路线总长度－桥梁长度－隧道长度＝223.3－3.6－2.8＝216.9km。
　　2. 桥梁、隧道数量:镇整个村道桥梁、隧道的总长度。

养护机械设备购置费用表

单位名称:广东省韶关市某县　　　　　行政等级:村道　　　　　　　　05 表

序　号	设备名称	规　格	数　量	单价(元)	总价(元)	备　注
1	车载绿篱机		2 台	20000	40000	
2						
3						
合计(元)	40000					

编制:××　　　　　　　　　　　　　　　　　　　　　　　　　复核:××

注:示例中设备名称、数量及单价仅为示意,在编制预算时根据实际需要进行编制。

小修费汇总表

单位名称:广东省韶关市某县　　　　　行政等级:村道　　　　　　　　06 表

费用类别	广东省韶关市××县××镇6个自然村村道养护工程
第200章　路基工程	145680
第300章　路面工程	430132
第400章　桥梁、涵洞工程	60960
第500章　隧道工程	58885
第600章　交通工程及沿线设施	6716
第700章　绿化工程	15408
合计(元)	717781

编制:××　　　　　　　　　　　　　　　　　　　　　　　　　复核:××

小修工程量清单

单位名称：广东省韶关市某县　　行政等级：村道　　07 表

项目编号	项目名称	计量单位	工程量	预算单价（元）	合计（元）	备注
第 200 章　路基工程						
NXX02100	清理					
NXX02100001	清理零星塌方	m³	230	15.5295	3571.8	参考清单单价
NXX02110	维修					
NXX02110002	边沟、排水沟、截水沟、急流槽维修	m	1500	59.3775	89066.3	参考清单单价
NXX02110005	边坡整理	m²	560	4.669	2614.6	参考清单单价
NXX02110006	土路肩修整	m²	256	4.466	1143.3	参考清单单价
NXX02110007	增设盲沟	m	650	75.8205	49283.3	参考清单单价
	第 200 章合计				145679.3	
第 300 章　路面工程						
NXX03110	水泥混凝土路面维修					
NXX03110001	破板修复					
NXX031100010001	破板凿除	m³	354	167.475	59286.2	参考清单单价
NXX031100010002	水泥混凝土修复	m³	354	893.2	316192.8	参考清单单价
NXX03110002	水泥混凝土路面板底					
NXX031100020001	灌(注)浆	m³	9.6	781.55	7502.9	参考清单单价
NXX03110004	裂缝灌缝	m	114.2	11.368	1298.2	参考清单单价
NXX03120	沥青混凝土路面维修					
NXX03120001	纵横向裂缝维修	m	750	14.007	10505.3	参考清单单价
NXX03120004	波浪、搓板、拥包、泛油处理	m²	560	35.2205	19723.5	参考清单单价
NXX03140	缘石、侧石、平石维修					
NXX03140001	刷漆	m	250	17.661	4415.3	参考清单单价
NXX03140002	维修与更换	m	200.4	55.9265	11207.7	参考清单单价
	第 300 章合计				430131.7	
第 400 章　桥梁、涵洞工程（桥梁 3600m/36 座）						
NXX04100	桥面系维修					
NXX04100001	修复桥面铺装					
NXX041000010002	沥青混凝土桥面	m²	50.4	147.987	7458.5	参考清单单价
NXX04100002	修复排水系统					
NXX041000020001	泄水管	套	8	63.8435	510.7	参考清单单价
NXX04100003	修补人行道、护栏	m	150	164.1255	24618.8	参考清单单价
NXX04100004	桥上灯柱维护	个	16	57.043	912.7	参考清单单价
NXX04100005	维护伸缩装置	m	58	100.7895	5845.8	参考清单单价
NXX04100006	护栏刷漆	m	160	43.7465	6999.4	参考清单单价

续上表

项目编号	项目名称	计量单位	工程量	预算单价（元）	合计（元）	备注
第 400 章 桥梁、涵洞工程（桥梁 3600m/36 座）							
NXX04110	桥梁下部结构维修					
NXX04110001	墩台及基础					
NXX041100010001	混凝土浇筑修补	m³	16	799.211	12787.4	参考清单单价
NXX041100010002	砖砌修补	m³	6	304.5	1827.0	参考清单单价
	第 400 章合计				60960.4	
第 500 章 隧道工程（隧道 2800m/4 座）						
NXX05100	隧道清洁维护					
NXX05100001	顶板和内装清洁	m²	560	43.3405	24270.7	参考清单单价
NXX05110	隧道维修					
NXX05110001	洞口					
NXX051100010001	杂草清理	m²	450	8.526	3836.7	参考清单单价
NXX051100010002	落物清理	m²	90.6	5.684	515.0	参考清单单价
NXX05110002	洞身					
NXX051100020002	砂浆抹面	m²	350	42.7315	14956.0	参考清单单价
NXX05110003	排水设施	m				
NXX05110004	洞内衬维护	m²	260	58.87	15306.2	参考清单单价
	第 500 章合计				58884.6	
第 600 章 交通工程及沿线设施						
NXX06100	交通安全设施清洁维护					
NXX06100001	公路交通标志清洁维护					
NXX061000010001	单柱式交通标志维护	块	15	99.5715	1493.6	参考清单单价
NXX061000010004	单悬臂式交通标志维护	块	9	297.395	2676.6	参考清单单价
NXX06140	公路交通标志维修					
NXX06140003	示警桩维修					
NXX061400030001	更换	根	15	94.192	1412.9	参考清单单价
NXX061400030002	油漆	根	35	32.3785	1133.2	参考清单单价
	第 600 章合计				6716.3	
第 700 章 绿化工程						
NXX07100	绿化补植					
NXX07100003	草皮补植	m²	250	33.698	8424.5	参考清单单价
NXX07110	绿化专项费用					
NXX07110002	边坡绿化养护	m²	400	17.458	6983.2	参考清单单价
	第 700 章合计				15407.7	

编制：××　　　　　　　　　　　　　　　　　　　　复核：××

注：表中综合单价即为前文计算所得预算单价。

养护工程费汇总表

单位名称:广东省韶关市某县　　　　行政等级:村道　　　　08 表(单位:元)

费用类别			广东省韶关市××县××镇村道养护工程
一、预防养护费			315204
1	建筑安装工程费	第100章　总则	18841
		第200章　路基工程	0
		第300章　路面工程	268910
		第400章　桥梁工程	0
		第500章　隧道工程	0
		第600章　交通工程及沿线设施	0
		第700章　绿化工程	0
		小计	287751
2	前期工作费		16565
3	竣(交)工验收试验检测费		10888
二、修复养护费			1402099
1	建筑安装工程费	第100章　总则	52943
		第200章　路基工程	981884
		第300章　路面工程	292696
		第400章　桥梁工程	0
		第500章　隧道工程	0
		第600章　交通工程及沿线设施	0
		第700章　绿化工程	0
		小计	1327523
2	前期工作费		53366
3	竣(交)工验收试验检测费		21210
三、应急养护费			28000
合计(元)			1745302

编制:××　　　　　　　　　　　　　　　　　　　　　　　　　　　复核:××

注:1. 前期工作费:按照本办法表3.5.7的费率标准及养护建筑安装工程费,按照一阶段设计进行计算,计算过程如下:

(1)预防养护前期工作费 = 1.13 + 10.4458 × 5.04% = 1.6565 万元;

(2)修复养护前期工作费 = 4.89 + 132.7523 × 4.02% = 5.3366 万元。

2. 竣(交)工验收试验检测费:按照本办法表3.5.8的指标值 × 实际养护数量 × (1 + i) 进行计算,计算过程如下:

(1)预防养护竣(交)工验收试验检测费 = 3105 × 7.7 = 10888 元;

(2)修复养护竣(交)工验收试验检测费 = 3105 × 15.0 = 21210 元。

3. 按该镇前三个年度实际发生的应急养护费用的平均值进行预留。本示例预留应急养护费为28000元。

养护工程工程量清单(预防性养护)

项目名称:广东省韶关市某县某镇村道预防性养护工程(路线全长7.7km)　　09表

项目编号	项目名称	计量单位	工程量	综合单价(元)	合计(元)	备注
第100章　总则						
NYH01100	通则					
NYH01100001	保险费					
NYH011000010001	按合同条款规定,提供建筑工程一切险	总额	1	807.0	807.0	以建筑安装工程费3‰计列
NYH011000010002	按合同条款规定,提供第三方责任险	总额	1	0.0	0.0	与建筑工程一切险合并计列
NYH01110	工程管理					
NYH01110001	施工环保费	总额	1	4000.0	4000.0	
NYH01110002	养护保通费	总额				
NYH01110003	安全生产费	总额	1	4034.0	4034.0	以建筑安装工程费1.5%计列
NYH01130	承包人驻地建设	总额	1	10000.0	10000.0	
第100章合计					18841.0	
第300章　路面工程						
NYH03100	破碎及修复旧路面					
NYH03100001	水泥混凝土路面					
NYH031000010006	水泥混凝土路面板底灌(注)浆	m³	38.9	717.5	27910.8	
NYH031000010007	更换填缝料	m³	3010	12.4	37331.5	参考清单单价
NYH03180	修复或加铺透层、黏层和封层					
NYH031800003	封层					
NYH0318000030001	表处封层	m²	8900	8.2	72980.0	
NYH0318000030002	稀浆封层	m²	8500	15.4	130687.5	参考清单单价
第300章合计					268909.8	

编制:××　　　　　　　　　　　　　　　　　　　　　　　　　　　　复核:××

注:表中综合单价即为前文计算所得预算单价。

养护工程工程量清单(修复性养护)

项目名称:广东省韶关市某县某镇村道预防性养护工程 (路线全长15.0km) 09 表

项目编号	细目名称	计量单位	工程量	综合单价（元）	合计（元）	备注
第 100 章 总则							
NYH01100	通则					
NYH01100001	保险费					
NYH011000010001	按合同条款规定,提供建筑工程一切险	总额	1	3824.0	3824.0	以建筑安装工程费3‰计列
NYH011000010002	按合同条款规定,提供第三方责任险	总额	1	0.0	0.0	与建筑工程一切险合并计列
NYH01110	工程管理					
NYH01110001	施工环保费	总额	1	10000.0	10000.0	
NYH01110002	养护保通费	总额				
NYH01110003	安全生产费	总额	1	19119.0	19119.0	以建筑安装工程费1.5%计列
NYH01130	承包人驻地建设	总额	1	20000.0	20000.0	
	第 100 章合计				52943.0	
第 200 章 路基工程							
NYH02120	局部维修挖方					
NYH021200001	挖土方	m³	25.6	141.5	3621.1	参考清单单价
NYH021200002	挖石方	m³	5.6	289.9	1623.3	参考清单单价
NYH02140	路基处治					
NYH02140001	路基翻浆处治					
NYH021400010002	增设盲沟	m	560.0	72.0	40294.8	
NYH02150	修复或完善排水设施					
NYH021500001	边沟	m	1800.0	512.5	922500.0	参考清单单价
NYH02160	修复或完善防护工程					
NYH02160010	修复或完善护面墙					
NYH021600100002	混凝土护面墙	m³	16.5	839.1	13844.6	
	第 200 章合计				981883.8	
第 300 章 路面工程							
NYH03100	挖除、铣刨、破碎旧路面					
NYH03100001	水泥混凝土路面					
NYH031000010005	破板修复					
NYH0310000100050001	水泥混凝土	m³	84	820	68880.0	参考清单单价
NYH0310000100050002	沥青混凝土加铺	m³	28	1500	42000.0	参考清单单价

续上表

项目编号	细目名称	计量单位	工程量	综合单价（元）	合计（元）	备 注
第 300 章 路面工程						
NYH03100002	沥青混凝土路面					
NYH031000020001	铣刨	m³	12.5	141.9625	1774.5	参考清单单价
NYH03110	**裂缝类病害处治**					
NYH03110001	龟裂处治	m²	2000	42.7425	85485.0	
NYH03130	**变形类病害处治**					
NYH03130002	车辙处治	m²	2300	36.9	84870.0	
NYH03130003	波浪处治	m²	300	32.2875	9686.3	参考清单单价
第300章合计					292695.8	

编制：×× 　　　　　　　　　　　　　　　　　　　复核：××

注：表中综合单价即为前文计算所得预算单价。